上海智库报告

SHANGHAI ZHIKU BAOGAO

# 近邻城市

## 沪苏沪嘉同城化路径探索

曾刚 曹贤忠 倪外 马双 等 / 著

上海人民出版社

# 出 版 说 明

　　智力资源是一个国家、一个民族最宝贵的资源。中国特色新型智库是智力资源的重要聚集地，在坚持和完善中国特色社会主义制度、全面推进中国式现代化过程中具有重要支撑作用。党的十八大以来，习近平总书记高度重视中国特色新型智库建设，多次发表重要讲话、作出重要指示、提出明确要求，强调把中国特色新型智库建设作为一项重大而紧迫的任务切实抓好。在习近平总书记亲自擘画下，中国特色新型智库的顶层设计逐步完善，智库建设迈入高质量发展的新阶段。

　　上海是哲学社会科学研究的学术重镇，也是国内决策咨询研究力量最强的地区之一，在新型智库建设方面一向走在全国前列。近年来，在市委和市政府的正确领导下，全市新型智库坚持"立足上海、服务全国、面向全球"的定位，主动对接中央和市委重大决策需求，积极开展重大战略问题研究，有力服务国家战略，有效助推上海发展。目前，全市拥有上海社会科学院、复旦大学中国研究院等 2 家国家高端智库建设试点单位，上海全球城市研究院、上海国际问题研究院等 16 家重点智库和10 家重点培育智库，初步形成以国家高端智库为引领，市级重点智库为支撑，其他智库为补充，结构合理、分工明确的新型智库建设布局体系。

　　"上海智库报告"是市社科规划办在统筹推进全市新型智库建设的过程中，集全市之力，共同打造的上海新型智库建设品牌。报告主要来自市社科规划办面向全市公开遴选的优秀智库研究成果，每年推出一辑。入选成果要求紧扣国家战略和市委市政府中心工作，主题鲜明、分析深刻、逻辑严密，具有较高的理论说服力、实践指导作用和决策参考价值。"上海智库报告"既是上海推进新型智库建设的重要举措，也是对全市智库优秀研究成果进行表彰的重要形式，代表上海新型智库研究的最高水平。

　　2023年度"上海智库报告"深入学习贯彻落实党的二十大精神，紧密结合主题教育和十二届市委三次全会精神，聚焦上海强化"四大功能"、深化"五个中心"建设的一系列重大命题，突出强调以落实国家战略为牵引、以服务上海深化高水平改革开放推动高质量发展为基本导向，更加注重报告内容的整体性、战略性和前瞻性，引导全市新型智库为上海继续当好全国改革开放排头兵、创新发展先行者，加快建设具有世界影响力的社会主义现代化国际大都市，奋力谱写中国式现代化的新篇章提供智力支撑。

上海市哲学社会科学规划办公室

2023 年 9 月

# 目　录

# 前　言

　　长江三角洲地区是中国经济发展最活跃、开放程度最高、创新能力最强的区域之一，在国家现代化建设大局和全方位开放格局中具有举足轻重的战略地位。习近平总书记对长三角地区的发展非常关心和重视，明确指示长三角地区要加强协同，上海进一步发挥龙头带动作用，苏浙皖各扬所长，努力促进长三角地区率先发展、高质量一体化发展。自2018年长三角一体化发展上升为国家战略以来，沪苏浙皖三省一市在全国的地位逐年上升，2021年长三角地区GDP为27.6万亿元，在全国占比达到24.1%，研发经费投入在全国占比达到29.8%，进出口总额达到14.1万亿元，占到全国的36.1%，同比2018年增长了27.7%。长三角全域固定资产投资同比增速达到8.1%。长三角地区的工业增加值、社会消费品零售总额和地方一般公共预算收入在全国占比都达到四分之一以上，分别为25.6%、25.3%和26.6%，长三角地区正加速成为我国发展强劲活跃增长极。上海及其周边近邻城市组成的都市圈已经成为支撑长三角地区经济发展的关键支柱。

　　同城化是指两个及以上城市的高度一体化发展，它是城市群或都市圈空间范围内的最小合作空间单元，具有更高一体化、更强协调性、更加平等的相互促进和利益共享的城市关系结构。2022年10月16日，习近平总书记在党的二十大开幕式上明确指出，要促进区域协调发展，深入实施区域协调发展战略、新型城镇化战略，构建优势互补、高质量发展的区域经济布局和国土空间体系。2022 年 6 月 21 日，国家发改委印发《"十四五"新型城镇化实施方案》(发改规划〔2022〕960 号)，明确提出增强城市群人口经济承载能力，建立健全多层次常态化协调推进机制，打造高质量发展的动力源和增长极。深入实施京津冀协同发展、长三角一体化发展、粤港澳大湾区建设等区域重大战略，加快打造世界一流城市群。近邻城市同城化对未来区域发展、实现长三角区域高质量一体化发展具有核心关键作用，将为率先实现长三角一体化发展提供重要支撑，有望成为一体化的先行者、引领者、示范者。

为了进一步解析上海与近邻城市同城化的模式与路径，探究区域发展模式演化的背后科学逻辑与规律，论述上海近邻城市同城化经验的示范推广前景，我们依托教育部人文社会科学重点研究基地中国现代城市研究中心、上海市人民政府决策咨询基地曾刚工作室（长三角一体化研究方向）、上海市高校重点智库上海城市发展协同创新中心、华东师范大学城市发展研究院在长三角一体化领域的研究优势，借助于前期积累的实地调研、研究报告、研究数据等支持，结合长三角区域一体化发展国家战略部署，从上海大都市圈、近邻城市（苏州、嘉兴）等空间范畴，系统论述了上海近邻城市同城化发展趋势，并从基础设施、生态环境、科技创新、经济发展等领域剖析了上海与近邻城市同城化发展的新趋势、新特征与推广经验。

具体内容主要包括三个方面。一是论述新时期长三角区域一体化发展国家战略新特点、新担当、新作为，分析上海大都市圈和沪苏嘉同城化发展的趋势。

二是重点论述上海与近邻城市同城化发展的重点领域。（1）注意传统"铁公机"、新基建的区别，以直接服务于一体化的设施和断头路、数据网络、上海第三机场（南通）为重点；（2）着力体现以"人"为中心的理念（人民城市重要理念），以城市生态服务为主、以乡村边缘地区自然生态价值为辅，突出城市楔形绿地、生态廊道、15分钟生活圈等城市生态建设经验；（3）基于区域创新系统理论，聚焦科技信息、高端人才、科技服务、大科学装置，彰显围绕卡脖子技术研发、关键零部件生产目标的"集合科技资源，开展联合攻关"的思想；（4）论述上海近邻城市高质量经济同城化，特别是上海空间溢出效应和开发区异地运营的模式与经验。

三是通过案例展示上海与邻近城市一体化发展工作经验、教训、谋划等方面的鲜活案例。（1）重点突出浙江对接大上海嘉兴桥头堡的紧迫性，分析嘉兴早期在融入上海同城化过程走过的弯路、错失的机会，体现奋力拼搏的执着与成效；（2）重点论述苏州率先接轨上海、推进沪苏同城化所取得的先发优势，积累的宝贵经验，借助数据、案例，论述苏州模式的前瞻性、先进性与示范性价值；（3）重点论述以水乡客厅为代表的沪苏嘉同城化在生态优先、绿色发展方面先行先试方面积累的经验，总结"不破行政隶属关系，打破行政边界约束"的制度创新成果，彰显联合推进"生态＋文化＋科技＝高质量"模式的优越性。

本书总体思路和框架由曾刚负责设计和组织。全书共计八章，各章的作者分别为：第一章由曹贤忠、胡德撰写；第二章由倪外、赵明宇撰写；第三章由马双、蔡文博撰写；第四章由曾刚、曹贤忠撰写；第五章由滕堂伟、曹贤忠、王胜鹏、史磊撰写；第六章由曹贤忠、倪外撰写；第七章由马双、胡德撰写；第八章由曹贤忠、石庆玲、曾刚撰写。全书统稿工作由曾刚完成，曹贤忠提供了重要协助。

在本书撰写与出版过程中，上海人民出版社的同志给予了大力支持，付出了辛勤劳动，在此表示衷心感谢！

然而，需要指出的是，长三角区域一体化涉及领域众多，且沪苏、沪嘉同城化举措丰富多样，加之我们的认知水平不高、时间有限，如有不足之处，恳请各位批评指正！

2023 年 8 月于丽娃河畔

# 第一章
# 上海近邻城市同城化趋势

　　同城化是指两个及以上城市的高度一体化发展，它是城市群或都市圈空间范围内的最小合作空间单元，具有更高一体化、更强协调性、更加平等的相互促进和利益共享的城市关系结构。2023年，"长三角一体化发展"再次被写入政府工作报告，这是长三角一体化发展上升为国家战略以来，连续第五年被写入政府工作报告。从1992年组织成立长江三角洲14城市协作办（委）主任联席会议算起，长三角区域一体化至今已经走过30个年头，在经济社会发展、科技创新优势、开放合作协同、基础设施联通、生态环境共保、公共服务共享等方面取得长足进展，成为引领全国经济发展的重要引擎，在国家现代化建设和全方位开放格局中具有举足轻重的战略地位。

　　长三角区域一体化发展历程，根据"长三角"概念和范畴的变迁、区域组织架构和制度动力的发展，大致可以划分为四个阶段：第一阶段是长三角核心区的地方自由探索阶段，初步形成了沪苏浙两省一市主要领导人互访制度和长三角城市经济协调会；第二阶段是以地方主导、国家指导为特征的城市群合作阶段，形成了比较完备的由决策层、协调层和执行层构成的三级运营机制；第三阶段是中央统一部署的区域一体化国家战略发展阶段，以 2018 年习近平主席在首届中国国际进口博览会上指出"支持长三角区域一体化上升为国家战略"为起始，"高质量"和"一体化"成为长三角区域一体化的两大关键词；第四阶段是长三角区域一体化国家战略的最新发展，其制度动力上体现出明显的央地互动特征，典型代表是 2022 年最新发布的《上海大都市圈空间协同规划》，这既是中央层面对长三角毗邻地区、近邻城市同城化发展的战略要求，也是龙头城市上海响应中央要求的地方创新实践。

# 第一节　上海大都市圈

2022 年 2 月，《上海大都市圈空间协同规划》由沪苏浙两省一市政府联合印发，这既是中央层面对长三角毗邻地区、近邻城市同城化发展的战略要求，也是江浙沪两省一市和龙头城市上海响应长三角区域一体化国家战略的地方创新实践。

从长三角区域一体化的未来发展来看，上海大都市圈空间格局的构建具有特殊的时代使命。伴随经济全球化进入调整期，在"加快构建以国内大循环为主体、国内国际双循环相互促进的新发展格局"下，上海大都市圈作为推动两个循环的核心单元，科学构建都市圈空间格局，推动都市圈内城市优势分工、协同发展，一方面，有利于各城市破解自身发展局限，在全球城市功能网络中塑造自身地位、提升城市价值，另一方面，有利于上海大都市圈整体竞争力提升，迈向卓越的全球城市区域，推动长三角城市群走向具有强大国际竞争力的世界级城市群。因此，上海大都市圈空间格局的科学构建和形成，对于长三角区域经济一体化国家战略而言具有举足轻重的意义。

2022年，《上海大都市圈空间协同规划》发布，涉及上海、苏州、宁波、无锡、常州、南通、嘉兴、湖州、舟山等城市，规划形成"1 + 8"的城市空间协同格局。在上海大都市圈层面，协调上海都市圈范围（90分钟通勤范围）内的城市，在产业、生态环境、历史人文、基础设施等多系统多维度的空间对接协同。在邻沪地区层面，通过共同编制实施跨省界城镇圈的空间协同规划，重点加强功能、交通、环境、设施等方面的跨界衔接。

按照"战略愿景—行动策略—项目库"的路线图，上海都市圈要形成"1 + 8 + 5"行动体系。"1"是上海大都市圈发展的战略愿景；"8"是交通一体化、生态环境共保共治、市政基础设施、绿道、蓝网、文化、产业及合作机制等8大系统行动；"5"是环太湖、淀山湖、杭州湾、长江口、海洋港口等5大空间板块。在此基础上形成协同项目库。在城市功能维度，为应对传统全球城市—区域体系中的多城市分散、国际"垂直一体化"联系的巨大风险与问题，需要重点强化上海大都市圈乃至长三角城市群内部"水平一体化"发展体系，必须显著提升各城市之间的功能关联，这就意味着大都市圈里各个城市必须依据自身的区位条件、比较优势、发展潜力，来构建与其他城市相配套的独特功能，从而形成合理分工的大都市圈空间功能结构。

苏州、嘉兴作为90分钟通勤范围内的近邻城市，在上海大都市圈的空间区位上处于桥头堡地位，更需要充分借助优势区位，科学定位自身城市功能，在创新和产业集群培育、建立现代产业体系、基础设施互联互通、社会和生态协同治理等方面，率先主动对接上海，实施沪苏、沪嘉同城化发展战略，全面融入上海大都市圈以获得协同发展先机。

# 第二节　沪苏嘉同城化

对上海而言，上海大都市圈建设与上海城市发展的总体目标——卓越的全球城市和具有世界影响力的社会主义现代化国际大都市，二者侧重点有所不同，但空间结构、战略定位和发展目标基本一致。

都市圈最本质的特征是同城化，大上海都市圈"1＋8"空间协同格局的构建，首先要在都市通勤圈范围内形成合理分工的空间功能结构，在90分钟通勤范围内除临港新片区、嘉定、松江、青浦、奉贤等郊区新城外，首当其冲的是要与近邻城市苏州、嘉兴形成合理分工的空间与功能结构。按照上海大都市圈空间协同规划多层次、多中心、多节点功能体系的规划目标，苏州要培育形成综合性全球城市与上海市区、宁波市区、临港新片区共同组织全球核心功能；嘉兴要形成以科技创新功能为核心的专业性全球城市，在科技创新功能上发挥全球影响力。从这个层面上看，苏州、嘉兴的未来发展，不单是自身的发展问题，同时也是上海卓越全球城市功能塑造和上海大都市圈真正形成的重要依托。

因此大力推动沪苏嘉同城化，通过沪苏嘉城市通力合作，补齐苏州在国际航运贸易、科技创新维度的短板，拉长嘉兴在科技创新功能领域的长板，形成上海都市圈核心区，是上海大都市圈建设乃至长三角区域高质量一体化发展的关键支撑。

# 第二章
# 上海近邻城市基础设施同城化

上海近邻城市间的协同分工与网络关联日益加强，上海与周边苏州、嘉兴、南通等城市联系日趋紧密。要将基础设施作为上海近邻城市同城化的基础，促进区域经济要素快速流动，实现要素配置优化，整体打通上海近邻城市同城化的通道，促进区域内不同城市间发挥各自优势和特色，在区域经济体系中树立城市发展品牌，并聚合各个城市特色整体打造长三角在中国经济版图以及世界经济体系中全球六大城市群之一的影响力，使上海近邻城市成为中国区域经济发展的引领者。

## 第一节　基础设施同城化体系

上海近邻城市基础设施建设创造了举世瞩目的历史成就。改革开放 40 余年，上海近邻城市基础设施网络日趋完善，传统交通网络基建取得巨大成就，新基建系统逐步形成数字经济时代区域先进竞争力。现代化设施服务水平日益提高，综合交通运输体系初步建成，城际交通需求伴随近邻城市的交流与互动频次增加快速增长。在国家及长三角区域"十四五"规划指导下，以上海为中心的国际枢纽开放窗口持续带动上海近邻城市在加入国际国内双循环、引领产业创新分工协同的过程中再造上海近邻城市整体的强劲发展竞争力。

# 一、基建设施新业态

上海近邻城市加速建设"新基建"基础设施体系，通过一网通办、大数据中心、智能网联汽车等新基建和新业态的发展，高水平推进同城化进程，提升区域整体竞争力。

## （一）一网通办

2018 年，上海揭牌成立上海市大数据中心，由大数据中心统一组织和负责上海市的公共数据归集、整合、共享、开放和应用管理，并很快出台了首部《上海市公共数据和一网通办管理办法》。同年，上海市委市政府印发《全面推进"一网通办"加快建设智慧政府工作方案》，在大数据中心、在线服务平台、节点布设三方面作好统筹和部署，为后续平台功能扩充、数据更新融合、跨平台功能打通预设了交换接口和升级空间。2019 年，上海近邻城市同城化政务服务推进跨区域通办和数据互通共享，率先实现全国同城化在线政务服务平台公共支撑功能在上海近邻城市落地，推动"互联网＋政务服务"建设向纵深发展。目前，上海近邻城市"一网通办"已设有 116 个功能事项，三省一市的政务服务终端 App（随申办、江苏政务服务、浙里办、皖事通）实现了数据共通、事项互认、结算统一等功能互联互通，电子驾驶证、行驶证、交通运输证等扫码核验功能保障了运输服务业的流程简化和效率提高，充分发挥了数据平台在整合服务、优化流程、方便于民等方面的作用与优势。

## （二）长三角数据中心

国务院《"十四五"数字经济发展规划》中提出，到 2025 年数字经济核心产业增加值占 GDP 比重达到 10%。算力设施作为数字经济健康发展的基础底座，对推动数字经济健康发展作用巨大。2022年，国家在长三角等 8 个片区启动建设国家算力枢纽节点，并规划10 个国家数据中心集群。"东数西算"工程正式全面启动。上海市"十四五"提出至 2025 年形成"布局完善、结构优化、绿色低碳、网络高质、算力充沛、技术先进"的数据中心发展格局，形成"南北呼应、东西联动、整体均衡、重点集聚"的数据中心空间布局。到2025 年，预期上海市数据中心总规模能力达到 28 万标准机架左右，平均上架率提升至 85% 以上。

在国家"东数西算"的战略布局背景下，上海近邻城市数据中心的建设进入优化布局、统筹集群的新阶段。上海作为国际经济、金融、贸易、航运与科创中心，对大数据计算要求在大规模基础上，更要求实时性、准确性和安全性。上海具有引领数字经济创新、联结国际数字交易的先发优势。上海的数据中心建设从"小而散"的以企业为主导的模式逐步发展为"大而集中"的以政府布局、企业承建的规划管理模式。在上海市数据中心建设限制政策和南通、苏州等周边地区鼓励政策的双重作用下，主要互联网数据中心（IDC）服务商及部分本地服务商逐步加快 IDC 业务在上海周边地区的布局进程，重点分布在南通经济技术开发区及苏州太仓市、昆山市，以补充上海市机柜资源供应。根据国家工信部发布的《全国数据中心发展指引（2020）》，上海及周边江苏、浙江地区机架数量规模稳居全国第一。由于上海及近邻城市的互联网、金融等企业数量众多且电子信息产业发展迅猛，以及企业数字化转型需求较强等因素，上海近邻城市同城化对数据中心的需求仍持续高涨。高效能、低延迟的数据中心建设将推动上海近邻城市数字经济规模与应用创新朝着健康、有序、稳定的方向发展。

## （三）智能网联汽车示范区

智能网联汽车是"第四次产业革命"带来的新一代信息技术集中展示的引爆点，也是我国新型基础设施建设的重要推进场景（张占斌等，2020）。[1] 未来汽车产业在国家宏观战略的部署下走向智能化、网联化、共享化、电动化的"新四化"发展方向。上海具备智能网联汽车发展的战略优势和战术基础。近年，上海持续拓展数字新产业、培育数据新要素、提升数字新基建、打造智能新终端、壮大数字新企业，建设数字新载体。上海嘉定区建成全国首个"国家智能网联汽车（上海）试点示范区"，开创了我国智能网联封闭场地多场景测试的先河，标志着全球测试功能场景最多、DSRC 和 LTE-V 等 V2X 通信技术最丰富，覆盖安全、效率、信息服务和新能源汽车应用四类领域的国际领先封闭测试区正式投入运营。

---

[1] 张占斌主编：《国内大循环》，湖南人民出版社 2020 年版。

2019 年，上海、江苏、浙江、安徽共同签订了《长江三角洲区域智能网联汽车道路测试互认合作协议》。浙江吉利、安徽江淮、江苏中智行获颁首批上海近邻城市同城化测试牌照，实现了上海近邻城市测试的互联互通，并有效规范测试行为，加强检验机构协调合作，提升综合检测能力，推动区域内智能网联汽车道路测试的数据共享与测试结果互认，加快智能网联汽车的技术研发进程，促进车联网应用快速落地。

## 二、航空网络

上海近邻城市间建立了发达的航空网络。以上海浦东国际机场、虹桥国际机场为代表的航空网络构建起了中国最繁忙和最密集的空中运输体系，极大地促进了上海近邻城市与国内其他地区，以及世界主要经济区域建立起更加紧密的经济联系。同时，依托多元的航空服务产业发展促进区域高端服务经济快速发展。

### （一）上海国际化双机场

上海在 20 世纪 90 年代开启浦东开发开放后，积极落实国家改革开放战略部署，成为国内第一个双机场城市。上海虹桥机场定位为主营国内业务的枢纽机场，依旧保留部分国际航线的备降功能；上海浦东国际机场定位为华东地区面向世界的航空枢纽窗口，主要经营国际航线业务。2006 年，虹桥综合交通枢纽升级转型成为空铁联运、组合换乘的大型综合交通枢纽。伴随 2009 年虹桥商务区建设，虹桥机场及周边区域再次跃升为长三角地区发展的核心引擎。两座机场有机联动、分工协作、差异发展的"一城双场"模式的成功运行，是上海大都市圈成功跻身于全球一流都市圈的必要条件。统计数据显示，2023年3月，上海浦东国际机场、虹桥国际机场合计完成飞机起降5.46万架次，旅客吞吐量、货邮吞吐量均大比例增长。其中，浦东国际机场完成飞机起降3.22万架次，同比增长100.44%，境内航线同比上升198.59%，境外航线同比上升10.04%，旅客吞吐量达360.05万人次，同比上升346.66%，货邮吞吐量为29.61万吨，同比下降5.31%。虹桥国际机场完成飞机起降2.24万架次，同比上升173.17%，境内航线同比上升172.89%，旅客吞吐量为339.8万人次，同比上升279.25%，货邮吞吐量为2.34万吨，同比上升38.38%。浦东、虹桥双机场航空网络有力支撑了上海国际、国内双循环枢纽的节点功能，极大地推进了上海近邻城市同城化发展。

**（二）长三角机场群**

2021年6月，推动长三角一体化发展领导小组办公室印发《长江三角洲地区民航协同发展战略规划》，目标为：到2025年，基本形成跨界融合、层次清晰、区域一体的民航高质量发展体系，长三角世界级机场群体系基本建成。首先，双循环背景下长三角空运设施服务能力仍有成长空间，上海及近邻城市的经济总量在近年保持快速增长势头，在国家大力发展双循环的背景下，上海近邻城市将更加深入地参与国际与国内产业分配和循环，对航空运输和服务的需求总量仍将继续增加。其次，不断提高的生活质量追求持续激发对航空运输的需求，航空运输的远距离运输效率具有明显的比较优势，客货运高等级、快消费、频周转的需求伴随着高质量的生产和高品质的生活普及将持续增长，航空客货运输的高端需求总量呈现明显的增长势头。再次，航空运输的功能细分、需求迭代，机场体系的多样性持续发展，航空运输与相关产业间的融合度不断加深，催生新的服务商业模式，驱动机场服务体系的行业规则和管理模式不断创新发展，机场之间的差异性和互补性发展趋势增强。最后，科技手段与绿色发展推动航运业成本优化与竞争力提升，智能化的信息系统可以提高机场建设和运营管理效率，提升机场旅客关怀服务水平，降低机场全生命周期的能耗，并在后疫情时代保障机场的安全运营（Abhijit Gosavi 等，2022），[1] 从而优化航空运输的整体运行成本，进一步提升航空运输的综合竞争力。

## 三、铁路系统

上海近邻城市高铁网络建设是我国快速发展的铁路系统，特别是高铁系统的缩影。国家骨干铁路网络、城际铁路网线、城市内部地铁系统等不同层级的铁路系统极大地缩短了上海近邻城市间的时空距离。国家铁路建设里程碑式的发展成就促进了上海近邻城市同城化发展进程和质量。

### （一）铁路里程大幅增加

上海近邻城市铁路系统早期发展缓慢，进入新世纪后高速发展。

---

[1] Abhijit Gosavi, Robert J. Marley, Joshua Adu Afar, "Airport Location for Smart and Sustainable Living: A Model and A Case Study of Rural Missouri, U.S.", *Sustainable Cities and Society,* Vol.83, 2022.

在解放初期，上海近邻城市的交通联系主要依靠时速不超过40公里的沪宁铁路。党的十一届三中全会后，上海近邻城市铁路系统发展进入快车道。1996年，中国第一列快速旅客列车"先行号"从上海站首发，时速140公里，沪宁线全程2小时48分，开创了中国铁路既有线提速的先河。2004年，铁道部与上海市政府签署了首个战略合作协议，加快建设"四纵四横"铁路交通网络的核心区域系统。合宁、合武、沪宁、沪杭、宁杭、郑阜、商合杭、徐盐、连镇等高铁相继开通运营。截至2020年底，长三角三省一市区域内铁路运营里程12741.6公里，高速铁路里程5984.8公里（周慧琳，2022），[1] 高速铁路密度167公里/万平方公里，成为全国密度最高的高铁网络区域。根据《长江三角洲地区多层次轨道交通规划》，到2025年，长三角轨道交通总里程将达到2.2万公里以上，铁路密度达到507公里/万平方公里，高速铁路约8000公里。

上海近邻城市快速发展的铁路交通体系贯穿了上海与周边主要城市的经济大动脉，上海城市经济的辐射功能进一步加强。以苏州为例，20世纪60年代，从上海乘火车到苏州需要3个半小时；进入21世纪，上海到苏州乘高铁出行仅要21分钟。高效的出行效率产生更多的出行需求。2022年，上海每日发往苏州的列车191趟，从凌晨4:28第一辆发车到23:45最后一辆发出，平均每13分钟一趟，相当于市区公共交通的发车频率。高效的城际高铁缩短了时空距离，降低了异地交易时间与距离成本，深刻改变了上海及整个长三角地区的经济增长方式。

---

［1］ 周慧琳主编：《上海年鉴（2021）》，《上海年鉴》编辑部2022年版。

## （二）铁路网络系统不断完善

上海近邻城市联南接北，东临沧海，怀抱长江，水系密布，特殊的地理区位构建了以上海为核心的铁路网络格局，整体发展由"之"字形向网络化格局演进，由此引导上海近邻城市经济发展空间格局点—轴—网络化的发展变迁。

国家"四纵四横"铁路客运专线建设在纵向打通了上海近邻城市，链接长三角的沪宁杭，以及副省级城市宁波。历史上沪宁杭甬线从上海出发向南，绕过杭州湾，向西经过嘉兴到达杭州，再调头向东，到达宁波，构成宁沪杭甬"之"字形通道。沪宁、沪杭、杭甬铁路沿线地带是长三角产业和城市集中分布的主要轴线，也是生产力与生产资料分布的走廊，聚合上海近邻城市主要产业发展和功能分工，形成梯度分布的城市集群。上海近邻城市又经过国家"八纵八横"建设，纵向沿海通道打通了上海的南北天堑：长江与杭州湾，跨越江海贯通了南通—上海—宁波一线；横向的沿江通道上海至南京段则经过崇明跨通州湾至启东，自东向西链接南通；同时，沪通铁路从浦东机场出发，沿浦东海岸线一路向北，途经太仓—张家港，穿过长江直达南通。沿海通道提高了近沪圈层小城镇的区位优势，形成了以服务都市圈特别是通勤圈范围内的中小城镇、重要功能区之间的高速走廊，为近沪区域小城镇纳入上海经济核心区、实现跨越式发展提供了可能。

上海近邻城市轨道交通的网络化发展随着区域经济的持续增长和经济活动的高度集聚而持续优化。上海近邻城市轨道交通的发展体现了我国经济逐步由东部沿海向长江经济带辐射的发展历程，从联南通北的纵向发展到合纵连横的网络化延伸，生产资源要素的流动性不断增强，不同级别城市之间的社会服务公平性不断进步，地区发展的非均衡性逐渐削弱，为上海近邻城市同城化发展、探索创新城乡发展新模式、实现共同富裕的长期目标打下坚实的基础。

## （三）多系统融合态势明显

上海近邻城市同城化进入高质量发展的新时期，跨城通勤、商务、娱乐等出行需求在上海近邻城市都市圈内变得越来越频繁和普遍，市域和市内出行的界限变得越来越模糊。传统将城际铁路与城市轨道区分建设和管理的方式已经无法满足上海近邻城市同城化融合发展的需求。为满足新阶段多层级、多系统融合的城市出行需求，新的建设时期必然要完成轨道交通分级立体、有效衔接、加密互动的多系统融合发展任务。

按照轨道交通规划要求，上海近邻城市多级交通系统融合发展，核心城市沪宁杭甬之间利用时速不低于 250 公里的高铁链接，核心城市与节点城市之间建设时速 120—200 公里的城际铁路，核心城市在都市圈范围内利用既有线路或新建市郊铁路，时速在 80—160 公里之间，城市内部则有时速 80—100 公里的地铁、轻轨（杨晨等，2022）。[1]但从上海近邻城市及城际轨道交通的发展历程来看，尤其是以上海为中心的大都市圈轨道交通建设，在实践中的空间格局往往会突破理想的规划意图。金山铁路作为长三角地区第一条快速市郊铁路，联结上海市中心城区南部的徐汇区与金山新城，但其客运量一直未曾达到规划预期的日均 10 万人次，甚至难以突破 3 万人次的

---

［1］ 杨晨、孙世超、薛美根、王忠强：《优化上海与江浙铁路对接的建议——基于长三角一体化的视角》，《上海城市管理》2022 年第 2 期。

大关。而上海地铁 11 号线作为国内第一条跨省运营的地铁线路，自 2016 年开通以来，屡屡刷新花桥段的日客流量，在 2019 年已经达到花桥三站日均进站旅客超 8 万人次的水平。跨市域地铁的运营成功与市郊铁路的相对低效形成了鲜明对比。在城际铁路与地铁之间的权衡选择需要综合考虑轨道系统与区域发展的互动规律、交通模式的投资效率与地区功能发展定位的协调统一，同时，要站在未来大都市区的人口集聚效能和承载方式的角度，考虑如何通过不同制式的轨道交通来引导城市在资源可承受的范围内有序而高效地发展（陈小鸿等，2017）。[1] 2022 年，苏州规划的轨道交通 S1 线在花桥站与上海轨交 11 号线实现换乘衔接，开通后从苏州高新区出发，可乘地铁经过昆山市区、花桥镇，直达上海迪士尼乐园。昆山市的经验给大都市圈发展轨道交通提供了新的思路。太仓、吴江等地均在积极寻求与上海市轨道交通的毗邻对接（蔡润林，2019）。[2] 在跨市域同城化轨道交通分级立体化发展新阶段，在规划体系、融资模式、运营管理各个层面要打破常规思路，在实践中创新探索，激发城市群增长潜力。

## 四、内河海运体系

长三角地区水系发达，上海近邻城市不同城市间通过水运航道通江达海，世界级的长江航道与深水海港构建了发达的内河海运体系，成为全球航运网络的重要组成部分。

---

[1] 陈小鸿、周翔、乔瑛瑶：《多层次轨道交通网络与多尺度空间协同优化——以上海都市圈为例》，《城市交通》2017 年第 15 期。
[2] 蔡润林：《基于服务导向的长三角城际交通发展模式》，《城市交通》2019 年第 17 期。

## （一）世界超级港口群初现端倪

面对世界百年未有之大变局的持续深化，上海近邻城市同城化以上海国际航运中心为龙头，坚持发展海洋经济，充分发挥"一带一路"建设所形成的战略覆盖，成为国家战略出发点之一。2021年，上海近邻城市港口货物吞吐量稳步增长，集装箱吞吐量首次突破1亿标箱，标志着长三角地区世界级港口群建设取得重要阶段性成果。依据《2018全球主要海洋国家报告》，中国已成为全球排名第1位的海洋国家，尤其在造船业、港口与物流服务方面处于领先地位；[1]在《2022全球海洋中心城市报告》中，上海成为全球排名第4位的海洋中心城市，在港口与物流服务两个分项排名中，上海港位居世界第一。[2]

近20年发展过程中，上海港通过科创金融服务资源共享、经营信息交流互通、集疏运网络整体性规划、基础设施差异化分布等手段，引导宁波—舟山、苏州、南通、嘉兴、镇江、连云港等各个港口间在货源和货种配置、集疏运调度等方面形成对外合力，减少同质化竞争，以区域性的紧密合作，共同面向国际市场拓展业务领域，成为双循环体系中最为重要的国际航运中心。未来以上海港为龙头的长三角港口群将进一步加快打造层次分明、功能齐全、河江海互通、优势互补、配套设施完善、现代化程度较高的世界级港口群，并持续推进形成上海近邻城市同城化治理体系，加快建设辐射全球的航运枢纽，

［1］ Menon Economics and DNV Publication, *The Leading Maritime Nations of The World 2018*, 2018, https://www.menon.no/wp-content/uploads/2018-84-LMN-2018.pdf.

［2］ Menon Economics and DNV Publication, *The Leading Maritime Cities of The World 2022*, 2022, https://www.menon.no/wp-content/uploads/Maritime-cities-2022_13-oppdatert.pdf.

提升整体竞争力和影响力（上海组合港管理委员会办公室，2022），成为港航产业发展的国际引领者。[1]

### （二）从河港到海港的扩张

上海地处我国南北海岸线中端长江入海口，兼有江海航运之利，具备成为航运中心的客观条件。上海港凭借黄浦江的优良航道而日益发展，19 世纪 70 年代后，上海港成为全国航运中心，促进上海发展成为江海航运枢纽港，而黄浦江成为江海联运集合疏散通道。优越的区位和航道条件为上海发展成为联结中国，特别是长江流域经济带与全球市场的国际航运中心奠定了基础。

20 世纪 90 年代初期，浦东新区开发开放进入快速发展阶段。外高桥新港区作为浦东新区开发开放的"龙头"，确立服务长三角区域持续发展、满足长江腹地外贸出口需求的发展战略。2001 年 12 月，我国正式加入世贸组织，对外贸易的货运需求量陡然剧增。2002 年，洋山港建设启动，成为我国跨省界租地开展经济合作的首个创举。2005 年，东海大桥和洋山港一期工程建成启用。进而，随着"一带一路"的建设和自贸试验区建设、长江经济带发展等重大国家战略的实施，洋山港的货物吞吐量持续飞速发展。2017 年，全球单体规模最大、综合自动化程度最高的洋山港四期无人码头开始运行，代表了国际航运港口的最高水准，洋山港国际枢纽港地位逐步稳固（刘士安等，2022）。洋山港建成后，外高桥港区成为布局合理、层次分明的沿海集装箱港口总体发展格局的重要节点，也转型成为上海近邻城市

---

[1]　上海组合港管理委员会办公室：《长三角地区港口经济发展 2021 年回顾及 2022 年展望》，《集装箱化》2022 年第 33 期。

与洋山国际航运中心之间的联结点与联动点。截至 2022 年，上海港已连续 13 年蝉联世界集装箱吞吐量第一的位置，经历了从内河、河口向外海发展起来的上海港成为全球第一大港。

**（三）河港功能升级**

内河水运相比于其他交通方式，具有运能大、成本低、能耗少的优势，在综合交通运输体系中，内河水运的发展可以进一步降低国内货物物流成本，加快内外循环效率，促进区域型物流全方位发展。在新时期国家"国内大循环为主体、国内国际双循环相互促进"的战略指导下，长江沿线水路运输作为内外经济循环的重要纽带，产业链、供应链持续稳定的重要支撑，在构建新的发展格局中迎来新的机遇和挑战。上海周边城市内河港口积极应对外部环境变化所产生的供给侧调整需求，不断提升内河港的建设标准，加大内河航运承运能力。

苏州战略性打造内河港口升级标准，通过持续对连接上海的吴淞江航道进行整治升级、创新自由贸易通关提运流程等一系列举措，不断提升内河运输及江海联运的综合竞争实力。苏州面向长三角，以江海联运方式对接国际一线港口，货物运输通过"陆改水""江通海""散改集"进一步增强了苏州对外联运衔接效率及服务实力。2021 年，苏州内河港货物吞吐量在全国内河吞吐量排名第二，仅次于江阴港（刘长俭等，2022）。[1] 同一时期，嘉兴港通过与上港集团合作建设独山集装箱码头，全面接轨上海洋山港。在打通了对外连接

---

[1] 刘长俭、徐杏、魏雪莲、吴宏宇、王蕊、李宜军、高天航、于汛然：《内河内贸成稳步恢复关键，沿海港口总体南方快于北方》，《中国交通报》2022 年第 2 期。

的基础上，嘉兴内河港口建设升级。2022年，浙江省首个千吨级内河码头嘉兴港海盐港区获批，嘉兴市同步建设湖嘉申线嘉兴段二期、京杭运河二通道、浙北集装箱通道乍浦塘段、杭申线4条千吨级航道，推进建设乍浦港区Ⅱ号港池、海盐港区Ⅲ号港池（澉浦作业区）、海盐港区Ⅰ号港池（传化智慧河港）、独山港区Ⅱ号港池等4个海河联运作业区，水运项目建设数量创历史新高。

内河港口与航道的提标升级，对充分发挥长三角港口腹地对外输出货源的生产能力，增加国际国内双循环的水陆链接效益，推进运输结构的供给侧调整，加速上海近邻城市同城化经济发展具有十分重要的战略意义。

## 第二节　基础设施同城化建设规划

改革开放40年，上海近邻城市成为最具国际竞争力的大都市带之一，其经济社会发展成就令世人瞩目。2019年12月，中共中央、国务院印发《长江三角洲区域一体化发展规划纲要》（以下简称"纲要"），提出对未来长三角一体化发展的愿景和纲领，为三省一市区域合作与发展共建指明了新方向、新目标，提出了新要求。"纲要"为长三角地区未来5至10年的发展建立了顶层架构，是我国新时期宏大战略的重要组成部分。其中，对基础设施的超前要求，成为党的十八大以来党和国家对上海近邻城市同城化未来发展的长远发展战略部署，其坚持以基础设施的高配高建引领区域发展要素和资源的高效流通，扩大区域市场规模，不断激发上海近邻城市可持续的发展活力。

# 一、建设方向

上海近邻城市同城化基础设施互联互通塑造区域空间总体格局，是构建区域发展新格局的重要支撑。相关规划建设要同步考虑未来发展需求，适度超前。2020 年，国家发展改革委和交通运输部发布了《长江三角洲地区交通运输更高质量一体化发展规划》，对重要建设内容作出部署。

## （一）以基础设施互联互通推动区域协调发展新格局

基础设施建设是我国新时代发展的破局点，是政府给市场经济提供的"支援的手"（何帆，2022）。[1] 上海近邻城市交通基础设施不断发展，高速铁路、跨海大桥、高速公路等新型交通基础设施改变了传统的地域空间，促进要素资源的快速流通和频繁交汇，大大降低了区域的生产交易成本，扩大了区域市场规模，是长三角地区高质量一体化发展的基石（屠启宇，2022）。[2] 长三角一体化发展上升为国家战略，更需要对区域综合交通体系高质量同城化的推进加以保障，以更加有效、合理地配置区域资源，提高区域经济运行质量和运行效率，促使区域产业分工向着更加合理的方向发展。

首先，在发展目标上：基础设施互联互通基本实现，轨道上的上海近邻城市同城化基本建成，省际公路通达能力进一步提升，世界级机场群体系基本形成，港口群联动协作成效显著。至 2025 年，铁路

［1］ 何帆：《变量 4 大国的腾挪》，新星出版社 2022 年版。

［2］ 屠启宇、余全明：《区域高质量一体化发展：从地理空间到多维联系》，《南京社会科学》2022 年第 6 期。

网密度达到 507 公里 / 万平方公里，高速公路密度达到 5 公里 / 百平方公里；至 2035 年，基础设施互联互通将全面实现。其次，推动形成区域协调发展新格局，以基础设施同城化和公共服务一卡通为着力点，加快都市圈建设，提升都市圈同城化水平，加强中心城市与都市圈内其他城市的市域和城际铁路、道路交通、毗邻地区公交线路对接，构建快速便捷都市通勤圈；加强都市圈间重大基础设施统筹规划，加快大通道、大枢纽建设，提高城际铁路、高速公路的路网密度；加强跨区域合作，探索省际毗邻区域协同发展新机制；推动省际毗邻区域开展重大项目开发合作。最后，提升基础设施互联互通水平，协同建设同城化综合交通体系，持续提升轨道交通、省际公路、机场群及港口航道建设；共同打造数字长三角，建设新一代信息基础设施，推动重点领域智慧应用场景落地，以及建设上海近邻城市工业互联网体系；协同推进跨区域能源基础设施建设，统筹建设油气设施布局，加快区域电网建设，积极开发风电、光伏等新能源设施；加强省际重大水利工程建设，完善区域水利发展布局，提标整治重点河段，提高供水安全保障能力。

**（二）适度超前的基础设施发展原则**

上海近邻城市的基础设施发展历程体现了中国式的发展速度和特色。基础设施规划逐步由粗放式的大拆大建，演化到精细化的人性设计，上海近邻城市的城际交通设施与城市交通设施、货运交通物流与客运交通出行、国际中转枢纽与国内集散中心等不同制式、不同服务之间的紧密衔接、畅通高效、立体协同，取得了跨越式的进步。

目前，上海近邻城市基础设施在初步完成现代化与系统化建设的基础上，面向未来肩负着战略性的使命和突破性的任务。以面向世界保持优势，提升上海近邻城市未来竞争力为目标，上海近邻城市同城化基础设施建设"适度超前"部署。首先，秉持我国"碳达峰、碳中和"的大国承诺，优先发展绿色可持续能源交通方式，持续提高大运量公共交通方式的服务水平和竞争力，坚持"以人为本"规划设计理念，改善城市综合交通系统可达性，提升上海近邻城市人文水乡与历史底蕴特色品质，打造生态一体、可达便捷、人性公平的可持续发展基础设施系统。其次，积极探索物联网、人工智能、5G通信、3D打印、云平台等第四次产业革命不断涌现的新技术、新手段、新模式在基础设施提供的丰富场景中的测试和应用，充分应用数字化手段升级现有基础设施规划、设计、管理和运营的全生命周期应用平台，充分发挥智能网联测试区的引领作用，丰富上下游产业与服务种类，从示范应用走向成熟市场化运作。再者，放宽基础设施投融资政策，充分释放国家宏观政策效能，运用多元化投融资手段，统筹投融资与建设、运营、管理联动配合关系，释放基础设施项目运营管理红利，调动市场各类型主体积极性，参与区域及地区的基础设施投资建设项目，为区域基础设施持续建设注入金融活力。

**（三）同城化基础设施建设重要内容和要求**

《长江三角洲地区交通运输更高质量一体化发展规划》，对上海近邻城市同城化交通基础设施建设提出更为明确的具体要求。

（1）优化以轨道交通为骨干的设施网络，依托沿海、京沪、沿江、沪瑞等国家综合运输通道，加快构建上海及周边区域多向立体、内联外通的综合运输通道，高效对接"一带一路"、京津冀地区、长江经济带和粤港澳大湾区，充分发挥高速铁路通达能力，优化普速铁路网络；

（2）加快构建上海大都市圈，完善昆山、嘉善等临沪地区一体化轨道交通系统，统筹研究都市圈范围内城际铁路建设，鼓励建设中心城区连接周边城镇的市域（市郊）铁路，研究选择合理制式与周边毗邻地区衔接，充分利用既有干线铁路、城际铁路开行市域（郊）列车，有序推进城市轨道交通建设；

（3）巩固提升上海国际航空枢纽地位，增强面向长三角、全国乃至全球的辐射能力，规划建设南通新机场，成为上海国际航空枢纽的重要组成部分，支持苏南硕放机场建设区域性枢纽机场，联动苏州、南通、嘉兴打造国际门户枢纽集群，优化不同层次枢纽分工协作，优化上海浦东国际机场、虹桥机场与国际、国内主要节点城市航线网络，疏解非枢纽核心功能，加强与"一带一路"国家（地区）航空联系，推动浦东机场与"一带一路"国家（地区）扩大包括第五航权在内的航权安排；

（4）全面提升虹桥综合交通枢纽的管理水平和能级，积极发展临空产业集群，推动虹桥地区高端商务、会展、交通功能深度融合，聚焦发展总部经济、创新经济、商务会展等现代服务业，建设中央商务区和国际贸易中心新平台，优化拓展国际航运服务功能；

（5）以资本为纽带，深化沪浙洋山开发合作，做大做强上海国际航运中心集装箱枢纽港，上海港以集装箱干线运输、集装箱江海联运、邮轮运输、高端航运服务为重点，打造智慧高效的集装箱枢纽港、国际一流的邮轮母港，在共同抓好长江大保护的前提下，深化沪苏长江港航合作，苏州（太仓）港建设上海港远洋集装箱运输的喂给港，发展近洋航线集装箱运输，规划建设南通通州湾长江集装箱运输新出海口、小洋山北侧集装箱支线码头；

（6）持续提高交通智能化管理水平，优化高速公路不停车收费（ETC）服务体系，健全通行费跨省清分结算机制，实施沪宁智慧高速等示范工程，探索车联网系统在高速公路场景应用落地，建成舟山江海联运公共信息平台，提高综合交通运输信息共享应用水平，推进多式联运数据标准。

## 二、建设方案

上海近邻城市同城化发展建立了高效的区域合作机制，不同层级间合作内涵与权责分工明确，依据行动方案推进相关工作进展，并以示范区为抓手推进重点项目落地，先行先试改革事项。

### （一）制度保障

在制度保障方面，上海近邻城市各级政府已逐步建立形成了决策层、协调层和执行层的"三级运作"区域合作机制。决策层为"长三角地区合作与发展联席会议"，由沪苏浙皖三省一市常务副省（市）级领导参加，讨论落实国家关于长三角一体化发展总体部署要求，总结阶段性成果及问题，协调解决近期工作和计划；协调层为"长江三角洲城市经济协调会"，每年在执行主席方城市举行一次市长会议，已经成为长三角一体化实质工作推进的常规会议，每届会议审议长三角协调会当年工作报告、财务决算，讨论当年专题发展报告，签署长江三角洲地区合作协议；执行层为"联席会议办公室"，三省一市分别在发展改革委（或合作交流办）常设"联席会议办公室"，并设立了交通、能源、信息、环保、信用、社保、金融、涉外服务、城市合作、产业、食品安全 12 个重点合作专题，负责具体工作的落实和推进。此外，依托长三角区域合作办公室，三省一市先后成立了长三角产业发展联盟、长三角城市知识产权协作、长三角文化产业发展联盟、长三角主要城市中心城区高质量发展联盟、长三角自由贸易试验区联盟、长三角企业服务联盟等合作机制。

**（二）行动方案**

按照《长三角一体化发展三年行动计划（2021—2023 年）》（以下简称《行动计划》）规划，长三角基础设施发展的重点任务与重大工程，重点提出了从高水平建设长三角生态绿色一体化发展示范区、高品质打造虹桥国际开放枢纽、加快长三角都市圈建设、推动省级毗邻地区开展深度合作、增强欠发达地区发展等五个方面推进区域协调发展。五个方面的区域协调发展均需要跨省界的基础设施互联互通为支撑要素。同时，《行动计划》明确要求：持续打造新时代"数字长三角"，高标准布局 5G 网络、量子保密干线环网、人工智能开源平台、中低轨道卫星建设、长三角国家级数据中心集群等数字基础设施；重点推进通苏嘉甬、沪乍杭等重大铁路开工建设；重点推进省际断头路建设，开展物流同城化运输，推动多式联运标准化建立；谋划打造连接宁波—杭州—上海—南京—合肥的"Z"字形新一代国家交通控制网和智慧公路示范通道，着力打造议题互联的智能航道信息平台，促进智能航运产业融合发展。

2022 年 1 月，三省一市交通部门通过了《长三角跨省市交通基础设施快联快通设实施合作协议（2022—2025）》。根据协议，未来

4 年，长三角地区三省一市将加强干线铁路、城际铁路、市域（郊）铁路等在规划、建设、管理等方面的一体衔接；持续推进沪通铁路二期、沪苏湖铁路、宁淮铁路等项目建设，开工建设沪渝蓉沿江高铁上海经南京至合肥段、扬州经镇江南京至马鞍山铁路、镇江至马鞍山段、沪苏嘉线等项目；加快推进宁宣铁路、南京至杭州铁路二通道、苏州经淀山湖至上海城际铁路等项目前期工作，力争早日开工建设。同时，三省一市还将加快推进跨省市公路建设及跨区域航道建设。建成溧阳至宁德高速公路、千黄高速公路等项目；续建苏州至台州高速公路等项目；开工建设汾湖大道（吴江）—兴善公路（嘉善）、金南路（青浦）—浦港路东延（吴江）等项目。加快推进杭申线、长湖申线等省市际航道建设；积极开展乍嘉苏航道、秦淮河航道整治工程等项目前期工作。在推进世界级机场群建设方面，将建成南京禄口机场T1 航站楼南指廊、上海浦东机场三期扩建工程。加快建设盐城南洋机场 T1 航站楼改造、上海虹桥机场局部改扩建。加快推动大场机场迁建，合作共建南通新机场。同时，探索开通上海近邻城市通用机场跨省（市）低空旅游、通勤航线，推动"通航＋"融合发展。此外，三省一市还将协同推进同城化智慧绿色交通建设，推进杭绍甬—杭州湾跨海大桥—沪杭甬湾区高速公路环、沪宁合高速公路等Z字形智慧公路示范通道建设，打造长三角智慧走廊。推进运输服务高质量同城化，力争实现上海近邻城市公交"一码通"。继续推动社保卡加载交通功能工作，丰富交通出行"同城待遇"内涵。

### （三）示范区

从顶层设计的统筹统建，到跨越省界的互联互通，再到空间融合的实践创新，长三角生态绿色一体化发展示范区的提出和建设是长三角地区一体化发展新阶段的新尝试和新探索，为未来更加融合深入的同城化发展探索新的路径。根据《长三角生态绿色一体化发展示范区国土空间总体规划（2019—2035）》，示范区提出"以人为本、衔接未来，建立多层次、均等化、高品质的公共服务体系，构建高效、绿色、智能、安全的基础设施网络。借助实时互联、物联传感、云计算、人工智能等先进技术，推进数字空间和实体空间共融互通"的发展愿景，并将"绿色交通出行比例不低于90%，基础设施智慧化水平不低于90%"作为2035年的发展目标。以"绿色"和"智慧"为核心目标的提出开创了在区域总体规划中将智慧化基础设施发展作为公共设施服务核心手段和战略目标的先河。

示范区在规划层面对基础设施进行统筹创新：首先，坚持紧凑布局、混合利用的土地利用模式。国内外规划建设经验表明，只有紧凑型的土地利用模式才是支撑公共绿色交通充分发挥作用的必要条件，大街区和宽马路会诱导更加依赖小汽车的出行方式，降低自行车、步行等慢行交通的吸引力（Batty，2019）。[1] 其次，布局多层次、网络化的公共交通体系，充分做好大运量的城际铁路、城市轨道与中运量的常规公交和多种形式的公共交通方式的一体化布局和高效率衔接，运用先进数字化手段分析与预测示范区的交通需求时空分布特征，有序推进公共交通系统的逐步逐层规划布局，做好公共交通与慢性系统的衔接，提升"点到点"交通服务效率，打造示范区绿色交通同城化发展样板。再者，充分发挥新型智慧化交通方式和手段效用，

---

[1]　Michael Batty，*Inventing Future Cities*，Cambridge MA: MIT Press, 2019.

无人驾驶、智能网联、智慧交通平台等新一代交通方式和手段为实现绿色交通、低碳交通的目标提供了更多的选择（克劳斯·施瓦布，2016），[1] 在示范区范围内均具有先试先行的探索空间。

## 三、建设成效

上海近邻城市同城化发展已经取得显著成效，成为我国探索区域协调化，实现不同发展基础、发展阶段、发展目标的差异化城市同城化发展路径与模式创新的典型。

**（一）设施同城化规划提升沪苏嘉同城化水平**

2021 年 2 月，国务院正式批复《虹桥国际开放枢纽建设总体方案》，苏州与嘉兴的近沪区域正式纳入虹桥商务区辐射范围。在"一核两带"的布局中，北向拓展带包括虹桥—长宁—嘉定—昆山—太仓—相城—苏州工业园区，重点打造中央商务协作区、国际贸易协同发展区、综合交通枢纽功能拓展区；南向拓展带包括虹桥—闵行—松江—金山—平湖—南湖—海盐—海宁，重点打造具有文化特色和旅游功能的国际商务区、数字贸易创新发展区、江海河空铁联运新平台。以虹桥商务区为核心的两带发展轴将苏州、嘉兴与上海紧密联系在一起，体现了国家战略层面推进上海近邻城市同城化发展的开拓思路，将沪苏嘉同城化作为长三角发展开放先行区，充分激发地区的经济活力和发展潜力。

---

[1]［德］克劳斯·施瓦布：《第四次工业革命》，中信出版社 2016 年版。

　　沪苏嘉同城化以交通设施可达性为基础的通勤时间作为标准，"交通临近"取代了"空间临近"成为相邻城市同城化发展过程中深化合作、互通资源及拉近心理距离的首要条件。根据《2021 长三角城市跨城通勤年度报告》，苏州市在流入上海市域跨城通勤总人数中占比 93.07%，远高于排在第 2 的嘉兴市。流入上海市域的跨城通勤者在上海的工作地主要是嘉定区、青浦区和闵行区，均为和苏州接壤的毗邻区域，但从上海流出的跨城通勤者在上海的居住区排前 3 的分别是青浦区、嘉定区和金山区，说明嘉兴在吸引上海市居住者到嘉兴工作方面体现出了一定的竞争力。其中，苏州北站周边作为距离上海枢纽最近的城市级高铁站，以 21 分钟通勤时间不仅吸引了大量跨城通勤的新长三角居民，也吸引了大量具有沪苏背景的企业入驻。嘉兴也适时提出打造以高铁南站为核心的创新商务中心，以"站产城一体"的理念，建设集交通枢纽、科创、商务等综合功能于一体的高铁新城。以高铁站为基点的 TOD 发展模式在上海近邻城市真正实现了中国式创新发展，颠覆了典型西方发达城市以城市地铁站为核心的开发思路，跨越城市边界，探索出了以高速铁路为链接的城市土地利用模式。

### （二）从设施建设同城化走向区域管理同城化

　　在基础设施规划、建设、管理、运营、养护的全生命周期中，同城化建设机制只完成了第一阶段的工作整合，高效、完善与合理的同城化管理运营才是基础设施能充分发挥其应用的效用，并推动区域资源整合、节能绿色可持续的必要过程。

　　在基础设施同城化管理机制的探索上，海河联运的航运体系以资本为纽带、以企业为主体，通过股权合作方式开展基础设施同城化运营管理工作，为跨行政区域同城化管理提供了可行路径。上海与浙江联合开发的大小洋山港，上港集团入股运营的江苏省太仓港、浙江省独山港和安吉港等，完成了以深水国际集装箱大港为核心的跨省海河同城化运营管理体系的构建。

在客运出行方面，毗邻公交的同城化服务是促进跨城出行、缝合行政边界的必要手段。截至 2022 年 1 月底，上海近邻城市累计开通跨省际毗邻公交 70 余条。跨界公交线路由毗邻两地公交企业共同运营，由 2022 年发布的《长三角省际毗邻公交运营服务规范》为标准指导运营管理，形成统一标准、规范标准的公共交通服务体系。在长三角生态绿色一体化发展示范区内，未来可积极探索公共交通公司的市场化运营模式，放宽企业运行服务范围和收费标准，为进一步深化基础设施运营市场化改革、打破传统模式和行政壁垒、创新产业发展新动力提供方向和示范。

从"用脚投票"的经验来看，苏州、嘉兴的居民选择入沪的理由来源于优质的医疗、高端的商业、国际化的娱乐服务，以及更多的工作选择。未来的沪苏嘉同城化出行需求将向着双向，甚至多向的方向发展。通苏嘉甬高铁的建设也标志着苏州和嘉兴之间的直线联系具有更广阔的发展空间。

# 第三节　基础设施同城化典型案例

上海近邻城市同城化基础设施建设创造了举世瞩目的历史成就。在发展历程中，上海及近邻城市开创了国内乃至世界多个"首次"的建设项目和大型工程，这里选取其中三个典型案例进行分析，鉴往知来，为上海近邻城市同城化发展的未来之路提供参考。

# 一、位于江苏南通的上海第三机场

同城化发展从来不是一蹴而就的，需要逐步的探索与突破。上海近邻城市同城化发展建立在明确的战略定位基础上，通过长期的规划和建设累积共同发展的意愿和成就，并最终实现重大的突破。上海在南通建设第三机场的决策和建设上深刻体现了这一过程。

## （一）近沪发展战略定位

在新的产业布局和国际国内发展形势下，南通抓住上海产业结构调整和浦江两岸开发的机遇，切实从科技、人才、金融、信息 4 个方面落实接轨工作，吸引上海高科技成果在南通落户和推广。南通以高端纺织业、船舶海工产业、电子信息业为传统支柱产业，从传统工业的"独善其身"到"主动近沪"的产业承接，南通的战略定位调整适应了上海近邻城市同城化发展背景下的错位竞争优势，逐步发展出智能装备、新材料、新能源三大新兴产业，并在 2020 年实现全年生产总值突破万亿大关，在全国城市中排名第 21，在江苏省排名第 4。随着"一带一路"、长江经济带、长三角一体化、江苏沿海开发的多重叠加，南通成为江苏迅速崛起的"潜力股"。

## （二）跨江超级工程通道

2008 年，苏通大桥建成通车，在开通首月即迎来 2.16 万辆日均过桥交通量，快速拉近了南通与上海的时空距离。苏通大桥北挑南通经济开发区、南担常熟经济开发区，把南通从上海强辐射圈的边缘拉入了上海经济区的核心，提升了南通在上海都市圈的区位优势，对接上海的战略发展进入了快车道。2020年，沪苏通长江公铁大桥的通车进一步加强了南通与上海、苏州的公路交通通行能力，并且打通了沿海铁路大通道，用大运量的高速铁路再次提升了南通与苏南和上海的连通效率。截至2022年，南通跨越长江共有3条已建成主要通道，包括苏通大桥、沪苏通大桥及连接启东市与崇明区的崇启大桥。根据《长江干线过江通道布局规划（2020—2035）》显示，南通自西向东，还将建设5座过江通道。跨江超级工程激发了上海"北大门"的发展活力，给南通"融沪"战略提供了更为坚实的基础。南通与上海之间通过立体化、综合化、多节点的交通网络带动临近沿线小城镇的发展，串联起多维度的经济要素再分配，通过加强地区间的沟通和联系，再次拉动上海北岸需求的激增及产业的崛起。

## （三）跨域共建新机场

2019年《长江三角洲区域一体化发展规划纲要》明确提出，规划建设南通新机场，成为上海国际航空枢纽的重要组成部分。跨域投资建设"一市三场"再次成为国内航空枢纽体系建设的首创案例。

上海北部跨越通州湾的苏北地区则具有更广阔的腹地、更大的发展潜力，现阶段却没有具备一定规模的航空枢纽。南通以最大的积极性与最具有战略性的部署，为"第三机场"落户南通创造条件。南通站在上海市总体发展战略的高度研究城市定位和发展方案，提出建设以"三港三城三基地"为重点的全市域对接服务上海的空间格局，其中"三港"包括了上海国际航运中心北翼江海组合强港、长三角北翼重要航空港和华东重要信息港。上海机场集团与南通市共同投资、建设、运营、管理南通新机场。新机场的建设为南通带来的战略意义是以南通为基点辐射苏北地区甚至整个长江北岸的经济带动作用。继沪浙合作开发洋山港的模式探索之后，基于南通新机场的沪通合作仍在深入发展过程当中，这将是上海近邻城市重大基础设施同城化促进区域一体化发展的又一次重大探索和突破。

## 二、位于浙江嵊泗的上海洋山深水港

洋山深水港的建设和发展打破了行政区划的限制，基于国家战略规划布局，进行跨区域的空间、行政和政策的探索创新。

### （一）天然深水港基础

大小洋山位于浙江省最东部，舟山群岛最北部的嵊泗县。大小洋山地理条件天然优越。洋山深水港位于杭州湾口，距国际航线仅104公里，是离上海最近的15米水深港口，满足远洋大型集装箱船直接停靠，不必再候潮经过长江口。洋山海域水文条件优越，地质构造稳定，千年来没有地震破坏记录，没有活动的断层，潮流强劲不易淤积泥沙，航道畅通有利于船只往来。水域受到周边岛屿的掩护，风浪小，水流平顺，能确保船舶航行和离泊安全，天然港的自然条件非常优越，能维持原有水深，并形成良好停泊条件。大小洋山在舟山渔业产出中承担比例非常小，岛屿以天然山脉为主，陆域可以吹填工程为主，改造工程对嵊泗县原有的人文自然、生态环境影响均有限。

## （二）临港新城支撑

2002 年，随着上海洋山深水港的建设启动，作为深水港建设的配套，上海规划建设临港新城，区位优势和大运量的港口运输为新城发展创造了丰富的产业选择和贸易机遇。临港新城的规划以"天上一滴水，地下一个湖"为概念设计环滴水湖区域的向心圆式用地布局。依据《中国（上海）自由贸易试验区临港新片区国土空间总体规划（2019—2035 年）》，在大尺度的滴水湖周边开始做小尺度的文章，为离岸金融产业生态构建更为灵活的规划框架，同时，滴水湖南侧面向东海打开，形成海湖一体的开放生态空间。临港所在的区位交通优势明显，集"海、陆、空、铁、水"5 种交通于一体。随着沪通铁路、沪乍杭铁路和沪舟甬铁路的规划建设，临港地区向外辐射，与周边城市的交通距离将进一步缩短，同时，两港快线、轨道交通 21 号线、奉贤线等市域铁路的开通将进一步拉近临港新城与上海中心城区的距离，临港新城的交通体系将逐步由对外联结的锚点港角色转变到内外联结、多式联运的立体枢纽。由港而生的临港新城未来将成为我国深入融入经济全球化的重要载体，成为上海打造国内国际双循环战略联结的枢纽节点。

## （三）自由贸易试验区探索

自贸试验区是我国对标国际高标准贸易投资规则、探索制度型开放的重要举措。2019 年 8 月 20 日，中国（上海）自由贸易试验区临港新片区挂牌成立。作为新时代改革开放的新高地，自由贸易试验区是联结双循环的重要平台和关键节点，也是促进双循环新格局形成的重要抓手和有力支撑。临港新区设置自由贸易试验区是新时代区域统筹发展的战略性部署。首先，洋山港在国际航运中心的竞争中快速抢占的优势需要进一步发挥其辐射和带动作用，临港地区的多式联运网络提高了其运输承接的内外运转效率；其次，经过15年的发展，临港地区已形成规模化的产业基础，集聚的产业项目超过500个，特斯拉超级工厂、大飞机制造综合园区、国际数据港等先导产业的引入，以及规模化的生物医药、人工智能、智能制造等领军企业的集聚，为自贸试验区建设提供了雄厚的产业能力基础；再次，临港始终坚持创新试验为引领，自2012年以来，临港积累了丰富改革创新经验，在自贸试验区的实践中已经积累了很好的经验；最后，临港地区与洋山保税港区的进出联结仅有东海大桥一个通道，"自由港"贸易管理具有天然的效率优势，实现"港区合一"的管理体制，口岸效率得到有效保障。

增设上海自贸试验区新片区，是要在更广领域、更高层次、以更大力度推进改革开放，实施制度创新。新片区对标国际上公认的竞争力最强的自由贸易园区，实施具有较强国际市场竞争力的开放政策和制度，实行有差别的探索，进行更大的风险压力测试。2021年，自贸试验区临港新片区规上工业总产值完成2642.3亿元，增长72.7%，全社会固定资产投资增长62%，其中，产业项目投资完成513.1亿元，增长53.4%。自贸试验区临港新片区的定位是打造一个具有国际影响力和市场竞争力的特殊经济功能区，目标到2035年，整个临港新片区873平方公里，区域生产总值达到1万亿元，真正发挥全方位、深层次、根本性的制度创新变革和发展引领作用。

## 三、横贯沪苏的上海轨交11号线

上海轨交11号线成功探索了我国大都市中心城区、郊区城镇及临近城市同城化发展的路径创新，通过公共轨道交通线路，促进不同行政区间城镇体系基础设施、城市功能、产业经济及居民生活的高效对接与融合，并实现整体的升级发展。

### （一）"卫星城" —"新城" —枢纽城

上海轨交 11 号线是上海市轨道网络中构成线网主要骨架的 4 条市域线之一，线路基本呈西北—东南走向，穿越上海中心城区，联结浦东迪士尼乐园与嘉定新城。上海轨交 11 号线的建设阶段追随上海市从中心城到发展郊区新城，再拓展至都市圈，并迈向上海近邻城市同城化的历程，充分反映了轨道交通驱动都市空间发展的引领效应。

早期，嘉定作为上海的"卫星城"，与中心城区联系较弱。2001版上海市城市总体规划首次提出了"新城"概念，旨在提升郊区的综合功能，加强郊区与上海中心城区的联系，提升周边区县的发展能级，拓展上海中心城的辐射能力。"嘉定新城"作为总体规划确定的上海北侧发展的重点新城之一，通过上海轨交 11 号线与市中心西侧的江苏路连通，接入上海中心城区地铁网络。2009 年 7 月，上海轨交 11 号线开通运营，并在嘉定新城站采用人字形分叉，覆盖嘉定主要发展的江桥、南翔商贸板块和西部的安亭汽车制造业板块，实现嘉定新城整个城市规划发展的重要区域和轨道交通紧密结合。

上海轨交 11 号线一期的运营成功带动了嘉定新城产业的二次发展，提升了嘉定新城的城市功能，加强了上海外环北侧与中心城区的联系强度，同时成为联结上海与苏南的创新窗口。进入"十四五"时期，嘉定新城被纳入上海五大新城。作为嘉定东西向交通运输干线的轨交 14 号线嘉定段，已实现了地下通道的全线贯通，13 号线西延伸段规划也已获批。2021 年，对接大虹桥，从嘉定徐行到闵行全长 44.04 公里的市域铁路——嘉闵线启动施工，规划将向北延伸至太仓境内，实现与沪通铁路换乘，"嘉昆太"同城化将迈入新的历史时期，嘉定新城实现了由边缘"卫星城"到长三角核心枢纽城的转型升级。

## （二）昆山花桥——环沪第一镇

上海轨交 11 号线北延伸段建成后，花桥镇正式成为上海都市圈的组成部分，在招商引资、城市建设、人才集聚等方面迎来新一轮发展高潮，担当起"环沪第一镇"的名号。11 号线不仅缩短了江苏小镇与上海的空间距离，同时拉近了两地的心理距离，成为上海市中心到花桥人才流通、资源互通、深化合作的连接线，也促使花桥镇成为大上海都市圈跨城通勤的首选居住地，是真正意义上的"同城化"发展模板。

上海 11 号线北延伸段的开通改变了花桥镇的地理区位条件。花桥镇凭借与上海毗邻的优越条件，充分发展现代服务业，设立了花桥经济开发区与花桥国际商务城两大园区，先后荣获"中国十大最佳服务外包园区""全国商务开发区最具投资价值品牌"，省级生产性服务业集聚示范区、省级创业型园区等荣誉，成功成为承接上海北部产业转移与互补的核心角色。如今，上海赛车场已经成为世界一级方程式的国内唯一承办地，来自世界各地的顶级车手在嘉定区的赛道参加比赛，入住花桥镇的希尔顿逸林酒店。花桥镇成为承接上海都市功能需求的重要角色。花桥镇在空间上作为沪苏联结的重要节点，串联起上海中心城至嘉定到昆山连绵一体的城市空间发展格局。

11 号线花桥镇发展实践证明，在上海大都市圈的发展中，轨道交通将持续扮演核心连接线的角色，引领沿线土地资源的有效利用，增加各类产业和人员的自由度，节约配置成本，促进沿线地区在产业分工、服务承接、城市功能的再分配中寻求各具特色的发展道路。

**（三）地铁加速沪苏同城化**

苏州地铁 S1 号线计划将在 2023 年底在花桥站与上海 11 号线连接，未来苏州工业园区、昆山、花桥与上海将成为用城市地铁串联起来的发展轴，以上海为中心的都市圈发展也将具备更为立体的交通方式支撑体系。沪苏一线将具备高速公路、高速铁路、内河航道及城市轨道多层立体的运输方式，上海的北边界将逐渐融入大都市圈的空间同城化发展，以虹桥枢纽为中心的长三角发展带也将在这一轴线持续发力，打造中央商务协作区、国际贸易协同共发展区及综合交通枢纽综合拓展区，通过立体多样的交通方式加速产业重构和资源分配，带动沿线城镇经济的融合发展，构成由点到线再到面的网络化空间发展格局。

上海近邻城市基础设施建设正由空间广度同城化走向立体纵深同城化，城市之间互联互通，公共服务互惠共享。依托立体多样的交通方式，促使城市之间不同出行目的、不同出行方式、不同出行距离的全方位多选择融合。上海地铁 11 号线已成为全球最长贯通运营的地铁线路，在上海近邻城市同城化逐步深入的进程中，11 号线将从穿过上海市中心的市域线转变成为贯穿上海大都市圈的核心连接线。以城市轨道为依托，构建了大上海都市圈更为丰富多样的生活方式选择，也促进公共服务在同城化发展背景下的同城化共享。通过统筹分期的地铁网络发展延伸，加速上海大都市圈突破空间范围的扩容和生长，减少规模经济和集聚效益产生的不同能级城市间的区位差异，推动上海近邻城市同城化发展迈入新的历史阶段。

# 第三章
# 上海近邻城市生态环境同城化

党的二十大报告提出："尊重自然、顺应自然、保护自然，是全面建设社会主义现代化国家的内在要求。必须牢固树立和践行绿水青山就是金山银山的理念，站在人与自然和谐共生的高度谋划发展。"上海近邻城市同城化发展的底色是绿色，优美的生态环境也是高质量发展的核心目标之一。加强上海近邻城市生态环境同城化发展，不仅是该地区经济高质量发展的需求，也是其可持续发展的基本保障。上海近邻城市生态产品和服务供给存在紧密的关联，近邻城市正在践行人民城市的发展理念，探索近邻城市生态环境同城化推进机制，共同满足人民对优质生态产品和服务的需求。

## 第一节　生态环境同城化发展历程和现状

从 20 世纪 90 年代开始，上海近邻城市生态环境同城化就开始起步。经过 30 多年的发展，该区域在水和大气环境联保、规划衔接和机制协同、跨域合作示范等方面取得重大进展。未来一段时期内，该地区也将在建立生态环境同城化标准、探索生态产品市场化机制、健全生态环境协同治理机制等方面积极作为。

# 一、水和大气环境联合治理

水和大气环境联合治理是上海近邻城市率先开展的生态环境同城化实践，积累了丰富的实践经验。2002年2月，浙江省的嘉兴市与江苏省的苏州市通过召开政府联席会议，建立起"边界水污染防治制度和水环境信息通报机制"。2008年底，上海、江苏、浙江两省一市的环境保护部门在苏州市签署《长江三角洲地区环境保护工作合作协议（2008—2010年）》，希望发挥区域联动效益，共同提升长三角区域生态环境质量（蒋媛媛，2016）。[1] 2009年4月29日，"长江三角洲地区环境保护合作第一次联席会议"在上海召开。"三省市将在创新区域环境经济政策、健全区域环境监管联动机制、加强区域大气污染控制三方面加强合作"。经商议，由上海市环保局牵头开展"加强区域大气污染控制"方面的工作，制定并落实世博会区域联动的空气质量保障措施。由浙江省环保厅牵头开展"健全区域环境监管联动机制"工作，共同打击危险废物的非法转移处置等环境违法行为，该地区生态环境保护协调工作从此进入实质性启动阶段。2008年，太湖流域邻近城市共同提出太湖流域水环境综合治理总体方案，共同提出饮用水安全保障、产业结构调整等13类任务，以及政策、法规

---

[1]　蒋媛媛：《长江经济带战略对长三角一体化的影响》，《上海经济》2016年第2期。

等 4 方面的保障措施。2009 年 7 月，上海市、江苏省和浙江省共同签订"跨界环境应急联动方案"。2010 年 9 月，浙江省和安徽省共同签订"浙皖跨界联动方案"。2012 年 10 月，长三角区域的三省一市共同签订"跨界联动协议"，并通过《长三角地区环境应急救援物资信息调查工作方案》。2012 年 5 月，在浙江省龙泉市举行了"2012 年长三角地区环保合作联席会议"，签订了《2012 年长三角大气污染联防联控合作框架》协议。2013 年 5 月 3 日，上海市、江苏省、浙江省及安徽省在马鞍山市共同签订了《长三角地区跨界环境污染事件应急联动工作方案》，该方案是处置长三角区域跨界环境污染纠纷和应急联动的重要成果。"根据方案，三省一市从建立各级联动机制、开展联合执法监督和联合采样监测、协同处置应急事件、妥善协调处理纠纷、信息互通共享、预警、督察等七个方面加强合作。"2014 年，长三角成立了区域大气污染防治协作小组，制定了《长三角区域大气污染防治协作小组章程》，建立了长三角区域大气污染防治协作小组办公室及相关运行机制。2016 年，三省一市和环境保护部等 12 个部委新组成了长三角区域水污染防治协作机制，并专项印发了《长三角区域水污染防治协作机制工作章程》，在运行机制上与大气污染防治协作机制相衔接，机构合署、议事合一。2018 年 11 月，长江三角洲区域一体化发展正式上升为国家战略。2019 年 11 月，《长三角生态绿色一体化发展示范区总体方案》正式公布。2021 年 5 月，原区域大气、水污染协作小组正式调整为长三角区域生态环境保护协作小组，继续坚持"共商共建共治共享"原则，持续推进全方位的生态环境共保联治。2022 年 6 月，国家发改委等六部门联合印发新一轮《太湖流域水环境综合治理总体方案》，推进新时期太湖保护治理。2022 年 11 月召开的长三角一体化示范区三周年建设成果新闻发布会介绍，三省一市深入实施生态环境标准、监测、执法"三统一"制度，示范区空气质量指数优良率、地表水环境质量 III 类水质断面比例等指标持续改善。联合河湖长制等重点跨界水体联保机制有序实施，示范区"一河三湖"水环境质量已提前达到或优于 2025 年目标。

## 二、生态保护协同机制

建设绿色长三角，共同加强生态空间保护，建立跨行政边界的一体化生态规划和补偿机制是重要手段之一（周冯琦等，2020）。[1] 在建立统一的生态规划政策和补偿机制方面，上海近邻城市正在积极做出探索。例如，长三角共同划定陆域生态保护红线 5.46 万公里，占全区域陆域总面积的 15.4%（徐梦佳等，2020）。[2] 再如，新安江流域生态补偿机制试点作为我国第一个跨省级行政区的流域生态补偿试点，得到了央地三方（中央、安徽省和浙江省）的大力支持，达成了基于流域水质考核的"对赌协议"，并经过三轮试点探索（景守武等，2018）。[3]

［1］　周冯琦、胡静:《上海蓝皮书:上海资源环境发展报告（2020）——共建生态绿色长三角》，社会科学文献出版社 2020 年版。

［2］　徐梦佳、刘冬、林乃峰、邹长新:《长三角一体化背景下生态保护红线的管理方向思考》，《环境保护》2020 年第 20 期。

［3］　景守武、张捷:《新安江流域横向生态补偿降低水污染强度了吗?》，《中国人口·资源与环境》2018 年第 10 期。

表 3-1　区域生态环境协同机制

| 区域生态环境协同机制 | 生态系统类型 | 尺度 | 实施主体 | 年份 | 政策文件 | 主 要 措 施 |
|---|---|---|---|---|---|---|
| 生态红线 | 各类生态系统 | 区域 | 上海市 | 2018 | 《上海市生态保护红线》 | 坚持"多规合一、陆海统筹"的指导思想，将陆地生态保护红线与海洋生态保护红线进行了充分衔接，提出了"一条红线，一张图"的生态保护方案。在红线管控上，坚持陆海统筹，江海联动，陆源污染海域及陆域生态环境治理并举，加强流域区域联防、联控和联治，真正实现了"陆海统筹"一条红线管控重要生态空间 |
| | | | 江苏省 | 2013 | 《生态红线区域保护规划》《江苏省生态红线区域保护监督管理考核暂行办法》 | 在全国率先出台《生态红线区域保护规划》。为确保"红线"真正成"实线"，江苏又配套制定《江苏省生态红线区域保护监督管理考核暂行办法》，以实现"三个落地"，执法即：责任落地，措施落地，市县政府落实确果立标、明确监管，生态修复要求，制定考核细则，考核结果与补偿23项量化指标，引入第三方评估机制，资金直接挂钩 |
| | | | 浙江省 | 2018 | 《浙江省生态保护红线》 | 将生态保护红线与全省环境功能区划中的自然生态红线区和生态功能保障区的保护相结合，使全省绝大部分生态空间得到有效保护，有力保障了生态系统的完整性和连通性 |

（续表）

| 区域生态环境协同机制 | 生态系统类型 | 尺度 | 实施主体 | 年份 | 政策文件 | 主要措施 |
|---|---|---|---|---|---|---|
| | | | 安徽省 | 2018 | 《安徽生态保护红线》 | 突出水源涵养、水土保持、生物多样性维护功能的重要性，创新性地增设了洪水调蓄功能，围绕打造皖西大别山区、皖南山区、江淮丘陵区森林生态安全屏障和水系林网、农田林网、骨干道路林网生态安全网络为主体的生态安全战略格局，划定了体现安徽特色的生态保护红线，实现了山水林田湖草的系统性保护 |
| 生态红线 | 各类生态系统 | 区域 | 上海市、江苏省、浙江省 | 2020 | 长三角生态绿色一体化发展示范区生态环境管理"三统一"制度建设行动方案 | 旨在一体化示范区"三个统一"体系：（1）加强协作沟通，共同推进标准统一；（2）关注协同需求，系统推进监测统一；（3）加强联合建设，合力推动执法统一 |
| | | | 浙江省、安徽省 | 2012年、2016年、2018年 | 《新安江流域水环境补偿协议》《关于新安江流域上下游横向生态补偿的协议》 | 2012年，生态补偿机制试点启动，设置每年5亿元补偿基金，其中，中央财政改3亿元，皖浙两省各出资1亿元，浙江拨付给安徽1亿元，若年度水质达到考核标准，浙江拨付给安徽1亿元，否则相反；2015年，第二轮试点除中央财政资金支持外，皖浙两省出资均提高到2亿元；2018年，第三轮补偿资金来源于皖浙两省 |

（续表）

| 区域生态环境协同机制 | 生态系统类型 | 尺度 | 实施主体 | 年份 | 政策文件 | 主要措施 |
|---|---|---|---|---|---|---|
| 生态红线 | 各类生态系统 | 区域 | 上海市 | 2010年 | 《上海市饮用水水源保护条例》 | 分设一级保护区、二级保护区与准保护区，分级规定禁止的生产生活行为 |
| | | | 安徽省 | 2014年 | 《安徽省大别山区水环境生态补偿办法》 | 旨在加快推进大别山流域水污染防治，保护饮用水源地环境安全。设立大别山区水环境生态补偿资金2亿元，其中省财政出资1.2亿元，合肥市出资0.4亿元，六安市出资0.4亿元 |
| | | | 上海市 | 2017年 | 《上海市公益林生态补偿转移支付考核实施细则》 | 规定了上海市公益林生态补偿的考核范围、形式、内容、标准和等级标准的评定 |
| | 森林 | 区域 | 江苏省 | 2016年 | 《江苏省省级森林生态效益补偿资金管理办法》 | 旨在加强省级森林生态效益补偿资金管理，促进省级以上公益林保护和管理。确定了补助标准和对象，资金拨付与管理以及绩效管理、检查监督等 |
| | | | 安徽省 | 2018年 | 《提高公益林生态效益补偿标准奖补办法》 | 规定在落实当前中央和省生态公益林政策的基础上逐步提高补偿标准。市级按照所属各县（市、区）提高补偿标准部分的1/3给予补助，省级按照提高补偿标准部分的1/3给予奖补，最高补偿不超过提高补偿标准部分的1/3 |
| | | | 浙江省 | 2019年 | 《浙江省森林生态效益补偿资金管理办法》 | 于2019年重新修订，确立了公益林补偿政策周期评估制，提高了补偿标准，并明确了"风景林"的补偿原则 |

（续表）

| | 生态系统类型 | 尺度 | 实施主体 | 年份 | 政策文件 | 主要措施 |
|---|---|---|---|---|---|---|
| 区域生态环境协同机制 | 大气 | 区域 | 上海市 | 2013年 | 《上海市碳排放管理试行办法》 | 详细规定上海市碳排放的管理部门和制度、分配方案、监测制度、碳排放核查制度、交易规则等 |
| | | | 安徽省 | 2018年 | 《安徽省环境空气质量生态补偿办法》 | 旨在压实地方政府责任，强化环境空气质量目标管理，促进全省环境空气质量改善，确定各设区市的 $PM_{2.5}$ 和 $PM_{10}$ 平均浓度同比变化情况的考核奖惩和生态补偿机制 |
| 生态红线 | | | 浙江省 | 2016年 | 《浙江省碳排放权交易市场建设实施方案》 | 以建立健全配额管理机制，全交易监管机制，积极培育碳资产业为主要任务。分报告、监测、报告和核查体系，支撑体系，建立完善碳排放权交易市场体系两个阶段 |
| | 海洋 | 区域 | 江苏省 | 2017年 | 《江苏省条子泥垦区（一期）高涂围垦养殖用海项目海洋生态补偿协议书》 | 协议书的"实施方案"包括海洋水生生物人工增殖放流、滨海湿地生态景观修复与建设、生态岸线建设、海洋环境监测与能力建设、环境生态调查与专题研究等5个子项目 |
| | | | 浙江省 | 2016年 | 《宁波市海洋生态环境治理修复若干规定》 | 确定了海洋修复治理工作的范围、原则、资金保障和措施 |

资料来源：《上海蓝皮书：上海资源环境发展报告（2020）》。

# 三、跨区域协作

2019 年，由国务院批复的长三角生态绿色一体化发展示范区的两区一县也积极沟通协商，开展了一系列跨界生态环境协作（王芳，2014）。[1]一是率先建立下沉式跨界协作机制。青浦区、吴江区、嘉善县政府签署了《关于一体化生态环境综合治理工作合作框架协议》，积极推动省界区县（市）层面全面建立生态环境保护协议。二是深化协作行动。沪苏浙联合开展太湖蓝藻水华联合防控、饮用水源地保护应急演练、"清剿水葫芦，美化水环境"水葫芦整治专项行动，并建立了水葫芦信息通报制度，实时共享重点区域水葫芦防控信息，不断推进太湖流域省际地区水葫芦联防联控。青浦区、吴江区、嘉善县三地建立水环境联防联治机制，联合开展太浦河整治、交界河流清淤等工作。三是拓展信息共享。水利部太湖流域管理局和两省一市水利（水务）部门、生态环境部门签署了《协同推进太湖流域水环境综合治理信息共享工作备忘录》，印发了相关工作方案。太湖局已与上海市水务局、吴江区环保局和嘉善县环保局就金泽水库、太浦河沿线水质水量在线监测数据交换事宜达成共识。四是丰富深化区域协作。召开专家座谈会，举办首届"绿色长三角论坛"，为推动落实长三角一体化发展国家战略和一体化示范区高质量绿色发展建言献策。

# 四、生态环境同城化前瞻

随着上海近邻城市生态环境同城化的不断深入，在"双循环"新

---

[1]　王芳：《冲突与合作：跨界环境风险治理的难题与对策——以长三角地区为例》，《中国地质大学学报（社会科学版）》2014 年第 5 期。

格局、高质量一体化绿色发展的要求下，上海近邻城市生态环境同城化机制正从以下方面进一步得到探索：

建立生态环境同城化标准。目前上海近邻城市继续科学评价工作，尤其是需要生态产品价值化标准科学评价工具的助力，以此支撑统一和符合实际的标准，助力邻近城市绿色发展。为了更好地结合市场为城市群生态环境协同机制提供科学支持，如何科学进行生态产品价值转化和实现的评价是目前长三角积极探索的重点问题。以生态补偿为例，当前上海近邻城市生态补偿标准正在努力匹配"生态产品"所带来的综合成本需求。如在新安江流域生态补偿试点期间（2010—2019 年），黄山市累计投资 146.28 亿元，而来自中央和皖浙两省的补助资金累计为 41.6 亿元，仅占投资总额的 28.4%，与《安徽省新安江流域水资源与生态环境保护实施方案》中 600 多亿元的资金需求存在一定差距，正在谋求更利于协同发展的补偿标准。

探索生态产品市场化机制。上海近邻城市生态环境同城化以政府主导为主，正在开发市场化与第三方的多元化付费生态协同机制，以匹配"双循环"背景下加强国内市场开发的要求。由于不同生态系统服务具有不同的公共物品属性，很多"生态产品"需要科学转化后间接市场化，避免政府财政压力过大、区域协同机制效率偏低、公众参与感不强等问题。如何将市场化机制与政府主导机制相结合，是该区域正在继续探索的问题。

健全生态环境协同治理机制。上海近邻城市正在努力避免分头管理、分散责任的问题，加快满足生态环境协同治理和保护与发展综合协同的要求。上海近邻城市是一个不可分割的整体，不仅区域生态环境要素内部之间相互影响，社会—经济—自然系统之间也存在不可分割的空间和内部机理联系。近邻城市空间规划和管理正在破除属地管理原则，打破行政阻隔使得城市间形成内生态环境协同治理。

新时期的上海近邻城市生态环境同城化需要符合以下要求：

一是三位一体，综合整治。生态环境问题产生的本质是区域自然—社会—经济复合生态系统内三者之间的关系失调，因此，生态环境的治理也必须将三大要素视为有机整体，综合治理，统筹兼顾。

二是长短结合，标本兼治。上海近邻城市区域作为我国经济最发达的地区，实现工业化、城市化、国际化的前沿，生态环境问题更加严峻，战略性也更加突出。在发展目标上，上海近邻城市区域不仅要关注经济发展，而且要关注社会发展，关注资源节约和环境友好；不仅要考虑当前发展，而且要顾及长远发展。综合运用经济、法律和行政手段，强化依法治理和保护环境，建立以法治保障的经济环境管理体制，逐步健全完善相应的法规体系和标准，标本兼治、长短结合。

三是内外兼治，区域合作。上海近邻城市生态环境综合治理可以分为两个层面：（1）区域内城市自身所采取的治理措施，（2）区域内城市间治理的协作。通过区域环境合作、体制改革及相应的政策措施等制度安排，最终形成有利于区域生态建设与保护的机制，包括区域环境合作机制、排污权交易市场机制、价格和补偿机制、预警机制、执法机制、生态环境建设机制和政绩考核机制等（高广阔等，2016）。

四是优化空间布局，陆海统筹。结合长三角生态系统服务功能分区，优化空间布局引导不同经济和自然资源在空间上的合理配置；依照优化的陆海统筹空间布局可以划分出不同的长三角陆海主体和生态功能区，不同的主体和生态功能区在不同的发展阶段承担不同的发展任务，在空间上形成高质量发展的合理分工；依照优化的陆海空间布局对长三角陆海协调发展进行疏导和管制，推动区域可持续发展。

# 第二节　生态环境同城化策略

上海近邻城市生态环境同城化的实现离不开一套行之有效的推进策略。为实现这一目标，上海近邻城市地区各相关主体主动作为、积极探索，建立了包含空间专项规划、综合和分区管理、机制优化等在内的一系列措施方法，不断提升上海近邻城市生态环境同城化水平，有效推动了该地区生态环境同城化的发展和治理。

## 一、编制同城化空间规划

上海近邻城市地区通过制定一系列空间专项规划推动地区生态环境同城化发展。一方面，从共保生态源地、共建区域生态走廊绿道、引领示范区高质量发展等方面共同构建上海近邻城市同城化生态格局；另一方面，积极规划打造崇明世界级生态岛、环淀山湖水乡古镇生态区、长江口及东海海域湿地区、杭州湾生态湾区等近邻城市生态合作区，推动规划走深走实。

### （一）构建同城化生态格局

在过去成绩基础上，《上海生态空间专项规划（2021—2035）》（简称《专项规划》）对上海近邻城市生态环境同城化提出了新的期望和更高的要求：构建"江海交汇、水绿交融、文脉相承"区域生态网络。《专项规划》要求共同维护区域生态基地，共同完善长江口、东海海域、环太湖、环淀山湖、环杭州湾等生态区域的保护，严格控制滨江沿海及杭州湾沿岸的产业岸线，加强长江生态廊道、滨海生态保护带、黄浦江生态廊道、吴江生态廊道等区域生态廊道的相互衔接。

共保生态源地。共同完善长江口、东海海域、环太湖、环淀山湖、环杭州湾等生态区域的保护，保护长江口、近海湿地、环太湖水系、湖泊群、水源地，整体提升区域生态环境品质。

共建区域生态走廊、绿道。在长三角区域范围强化生态基地建设，预留嘉宝—沿长江、吴淞江、黄浦江及其上游（含淀山湖）、沿杭州湾四个重要的生态接口，加快构建区域性生态空间网络。

引领示范区高质量发展。坚持世界眼光、国际标准、中国特色、高点定位，聚焦大生态，将长三角生态绿色一体化发展示范区打造成为生态高质量一体化发展的生态价值新高地。强化生态环境共保联治，夯实生态底线，开展淀山湖、元荡、汾湖、太浦河水生态治理，统筹水安全、水生态、水景观，传承与发扬江南文化。

## （二）打造生态合作区

《专项规划》要求通过对水体、林地、绿地、农田等现状生态要素进行叠合，结合生态安全保障功能、环境品质提升功能、生物多样性功能及休闲游憩功能，综合形成上海市域的生态空间格局。

崇明世界生态岛：锚固生态基地，保护东滩、北湖、西沙等长江口近海湿地及各类生物栖息地，加强水系整治，建设绿地农业基地，运用生态低碳技术，建设低碳宜居城镇，打造生态文明示范区。

环淀山湖水乡古镇生态区：注重青浦西部湖泊群以及黄浦江上游地区生态保护，加强古镇古村自然环境保护，恢复和维护江南水乡风貌，形成低密度发展的水乡生态示范区。保护河湖水系密布的良好生态本底，整合跨省市、跨地区的保护力量，打造世界级湖区，推动区域申报创建"国际湿地城市"。

长江口及东海海域湿地区：保护和管控九段沙湿地、崇明东滩等重要湿地空间，保护国际鸟类迁徙通道。

杭州湾生态湾区：加强金山三岛自然保护区及重要滨海湿地等生态空间的保护，构建适合湾区的生态修复模式及生态岸线，提升沿岸城镇生活品质和休闲功能，严格控制沿岸大型产业区和岸线生态环境的影响。

## 二、实施综合分区管理

综合和分区管理是精准管理和有效推进上海近邻城市生态环境同城化的手段之一。它基于人本需求下的城市生态服务分类，划分匹配不同类型区域的发展模式，并在此基础上实现综合管理，最终实现近邻城市生态环境的同城化。

### （一）城市生态服务分类

庞大的人口数量和高速的经济发展对长三角近邻城市的可持续发展提出了很高的需求（Sun et al.，2019）。[1] 人口众多产生了高物质

[ 1 ] Sun, W., Li, D., Wang, X., Li, R., Li, K., Xie, Y., "Exploring the scale effects, trade-offs and driving forces of the mismatch of ecosystem services." *Ecological Indicators*, Vol.103, 2019.

产品需求，例如对食物和淡水的高需求。一些特大城市，如人口超过2000万的上海市（Chen et al.，2019），需要从其他城市调拨物质资源（食物、水）来满足当地需求。[1] 高经济发展需要工业城市的高物质消耗，例如工业水资源的高消耗。与此同时，人们的精神需求也随着生活水平的提高而产生，如旅游、娱乐和审美。城市绿色公园的游憩和国家公园的旅游需求产生于促进城市间旅游交流的城市（Xiao et al.，2019），[2] 例如杭州（生态旅游目的地）与周边城市。而且，由于生态环境问题的影响，政府产生了相应的生态环境治理需求，例如2019年12月印发的《长江三角洲区域一体化发展规划纲要》中"强化生态环境共保联治"一章指出，坚持生态保护优先，把保护和修复生态环境摆在重要位置，加强生态空间共保，推动环境协同治理，夯实绿色发展生态本底，努力建设绿色美丽长三角。

国内外学者普遍将马斯洛需求层次理论作为人本需求研判的理论基础。根据马斯洛的需求层次理论，人本需求由低到高大致可以分为三个层次：生理需求、安全需求和精神需求（社交、尊重和自我实现）。[3] 相应地，生态系统服务应该包括丰富充足的物质供给、健康安全的生态环境和独特别致的景观文化。

满足生理需求，优化供给服务（PSs）。在某些情况下，经济增

---

[1] Chen J, Jiang B, Bai Y, Xu X, Alatalo J M. "Quantifying ecosystem services supply and demand shortfalls and mismatches for management optimisation," Vol.650, 2019.

[2] Xiao, H.、Sheng, S.、Ren, Z.、Chen, C.、Wang, Y., "Does the Culture Service Supply of Green Spaces Match the Demand of Residents in a New District? A Perspective from China." *Polish Journal of Environmental Studies*, Vol.5, 2020.

[3] 张彪、谢高地、肖玉、伦飞：《基于人类需求的生态系统服务分类》，《中国人口·资源与环境》2010年第6期。

长或人口增长需求侧的驱动力比生态系统供给侧的驱动力更具影响（Gopalakrishnan et al.，2016）。[1] 人口高度集聚会产生剧烈的社会经济活动，给区域生态环境带来巨大压力，也可能对社会稳定构成一定威胁。人口密度高总是意味着对区域不同类型的多种生态系统服务供给总量的高需求（Li et al.，2016）。[2]

满足安全需求，提升调节服务（RSs）能力。城市扩张造成了大量脆弱的生态系统和重要的生态空间拥挤或破坏，导致生态系统退化（傅伯杰，2019），[3] 减少了对生态系统多种功能的供给，造成多个生态系统服务的空间供需不匹配（李双成等，2018），[4] 导致了洪水（Nedkov and Burkhard，2012）、[5] 缺水（Kandulu et al.，2017）、[6] 空气污染、[7] 温室效应（Chen et al.，2019）等生态环境问题（欧阳志云，2017）[8]。

[1] Gopalakrishnan, V.、Bakshi, B. R.、Ziv, G., "Assessing the capacity of local ecosystems to meet industrial demand for ecosystem services." *AIChE Journal*, Vol.62, 2016.

[2] Li J, Jiang H, Bai Y, Alatalo J M, Li X, Jiang H, Liu G, Xu J. "Indicators for spatial-temporal comparisons of ecosystem service status between regions: A case study of the Taihu River Basin, China," *Ecological Indicators*, Vol.60, 2016.

[3] 傅伯杰：《土地资源系统认知与国土生为态安全格局》，《中国土地》2019 年第 12 期。

[4] 李双成、谢爱丽、吕春艳、郭旭东：《土地生态系统服务研究进展及趋势展望》，《中国土地科学》2018 年第 12 期。

[5] Kroll, F., Müller, F., Haase, D., Fohrer, N., 2012. Rural-urban gradient analysis of ecosystem services supply and demand dynamics. *Land Use Policy*, Vol.29, 2012.

[6] Kandulu, J. M.、MacDonald, D. H.、Dandy, G.、Marchi, A., "Ecosystem Service Impacts of Urban Water Supply and Demand Management." *Water Resources Management*, Vol.31, 2017.

[7] Chen J, Jiang B, Bai Y, Xu X, Alatalo J M. "Quantifying ecosystem services supply and demand shortfalls and mismatches for management optimisation," *Science of the Total Environment*, Vol.650, 2019.

[8] 欧阳志云：《我国生态系统面临的问题与对策》，《中国国情国力》2017 年第 3 期。

满足精神需求，丰富文化服务（CSs）。对于文化服务（如娱乐、旅游等），承载城市绿地的容量和可达性是供给与需求匹配的重要因素（Jiang et al.，2020）。[1]

### （二）上海近邻城市生态综合分区建议

本书在借鉴国内外相关研究的基础上，以长三角核心区近邻16市为对象（长三角核心区16城市是指上海，江苏的南京、苏州、无锡、常州、镇江、扬州、泰州、南通和浙江的杭州、宁波、湖州、嘉兴、绍兴、舟山、台州）区域，基于目前广泛使用的生态系统服务分类系统，将生态系统服务分为四大类和23小类。将CORINE的土地覆盖系统与本地的土地覆盖系统相对应（Burkhard et al.，2012），[2]采用本地专家知识对上海近邻城市地区的生态系统服务潜力评分进行评估，并根据空间热点分析提出上海近邻城市生态综合分区和管理建议。

#### 1. 生态完整保育区（I）

该区仅包含EI的热点区域，除市区外分散在整个区域。由于EI是提供调节、供应和文化生态系统服务的基础，该区域对于支持和保护生物多样性等生态系统自组织能力至关重要。

#### 2. 西南山地丘陵森林生态区（II）

西南山地丘陵森林生态系统的生态系统类型最多，包括3个综合类型（EI、RSs和CSs）和12个个体类型，其中：支持服务类型

［1］Jiang, B.、Bai, Y.、Chen, J.、Alatalo, J. M.、Xu, X.、Liu, G.、Wang, Q., "Land management to reconcile ecosystem services supply and demand mismatches—A case study in Shanghai municipality, China." *Land Degradation & Development*, Vol.31, 2020.

［2］Burkhard, B.、Kroll, F.、Nedkov, S.、Müller, F., "Mapping ecosystem service supply, demand and budgets." *Ecological Indicators*, Vol.21, 2012.

（EI）包括生物多样性（B）、蓄能（G）和减少养分流失（F）；调节服务包括当地气候调节（H）、水净化（O）、侵蚀调节（M）、空气质量调节（L）、授粉（P）、营养调节（N）和地下水补给（K）；文化服务包括生物多样性内在价值（V）和娱乐与美学价值（W）。在该区域：当地气候调节（H）和空气质量调节（L）有助于减少区域空气污染，如雾和霾；水净化（O）、侵蚀管制（M）和地下水补给（K）有助于减少水污染和洪水；生物多样性的内在价值（V）、休闲与审美价值（W）有助于满足日益增长的人口对休闲活动和旅游的需求。

在生态保护方面，应打破行政边界，统一管理和保护区域内的森林。为进一步划定保护区的生态红线，应进一步开展生态保护热点研究。在西南山地丘陵区森林生态保护中应建立生态补偿机制。

关键生态服务补偿的核心问题是支付标准的制定和生态系统服务流的识别。这些都需要在生态系统服务的精确定量评估和流动模拟的基础上进行。经济社会发展应充分利用区内自然资源，建设与当地生态农业、生态林业等资源相匹配的生态发展。区内山地森林地区自然风光旅游资源丰富。开发具有生态特色的旅游形式，将改善人与自然的耦合关系，促进景观的可持续利用。

### 3. 东北平原农业生态区（III）

该区域主要分布在东北平原，是粮食供应（Q）和牲畜供应（R）两种服务的热点区域。这两种供给服务的保存直接关系到该地区庞大人口的食品安全。

东北地区主要地貌类型为低地平原。水浇地等耕地是该区主要的生态系统类型。该地区因城市扩张和城市暴雨洪水造成的生境破碎化严重。城市不断扩张和发展的居住区占用或破坏了许多物种的栖息地，并大大减少了该地区生态系统提供的服务。因此，限制城市扩张将是该地区艰巨的管理任务。

在深入分析多个生态系统热点的基础上，需进一步划分和连接生态系统服务分区，构建生态系统服务网络：生物多样性保护、蓄能和减少养分流失的生态完整性分区；调节服务分区，用于调节当地气候、水净化、侵蚀、空气质量等；保护生物多样性内在价值和娱乐审美价值的文化服务。

### 4. 水生生态服务保护区（Ⅳ）

区域内分布的 4 个生态系统服务热点是：非生物异质性（A）、地下水补给（K）、淡水（U）和游憩与美学价值（W）。但区域居民对娱乐休闲活动的巨大需求也依赖于对该区域水体的保护。该区可分为南千岛湖亚带和北太湖亚带。这两个分区是整个区域的主要水源。湖泊、河流等水生生态系统是该区的主要生态系统类型。水污染和洪水是该区域主要的生态风险。要严格控制这些地区的城市生活污水和工业废水的排放。应在这些地区建立人工湿地，辅助污水处理。在这些地区可以发展低影响生态旅游，以满足城市居民日益增长的旅游休闲活动需求。在环境保护方面，应启动河流上下游间的 PES 机制和湖泊污染控制，建立湖泊流域跨界环境保护合作机制。

### 5. 东部河口生态区（Ⅴ）

该区域包括 4 个分布在东部沿海地区的服务热点：代谢效率（D）、防洪（J）、捕捞渔业（S）和水产养殖（T）。东部沿海地区的主要地貌类型为河口平原。河口、盐沼和浅海湿地是该区主要的生态系统类型。水污染和生态环境破碎化是该地区面临的主要生态风险。因此，滨海湿地的保护和退化湿地生态系统的恢复将是该区域的主要目标。

## 6. 城市开发区（Ⅵ）

该区域是区域临界生态系统服务的冷点。随着城市的扩展，该区域对生态系统服务的需求将会增加。因此，建设生态城市是区域可持续发展的迫切需要。建设生态城市可进一步协调城市发展与生态保护的关系，减轻对自然生态系统的压力。

同时，还需要陆海统筹，优化区域空间布局，支撑上海近邻城市生态环境同城化发展。上海近邻城市合理的空间布局是陆海统筹发展的前提和支撑，形成合理的陆海发展空间布局对陆海统筹至关重要。第一，结合上海近邻城市生态系统服务功能分区，优化空间布局，引导不同的经济和自然资源在空间上的合理配置。第二，依照优化的陆海统筹空间布局可以划分出上海近邻城市不同的陆海主体和生态功能区，不同的主体和生态功能区在不同的发展阶段承担不同的发展任务，有助于在空间上形成高质量发展的合理分工。第三，政府可以依照优化的陆海空间布局对上海近邻城市陆海协调发展进行疏导和管制，推动区域可持续发展。

# 三、创新管理体制机制

上海近邻城市同城化机制优化包含生态产品价值实现机制、环境治理协调机制、政绩考核制度三个方面。

**一是构建同城化的生态产品价值实现机制。**在政策引导方面，建立完善生态产品价值实现标准化工作的顶层设计，推动试点成果及时转化为标准；发挥市场在生态产品定价、生态产品交易过程中的协调作用，以及地方政府在生态产品价值实现标准化工作中的主导作用；研究建立对生态产品价值实现机制有指导作用的政治经济学理论，明确生态产品价值的内涵与外延，构建"两山"理论的依据（蔡文博等，2021）；[1] 基于生态产品机制理论构建统一的生态补偿机制补偿标准和方法，通过进行经济补偿，弥补上游地区承担环境保护产生的巨大损失；通过实施实物补偿、政策补偿、技术补偿或不同方式的组合，大力刺激补偿的供给和需求，并保持高水平和高效率；在资金保障方面，建议采用多元付费模式，实现公众、公益组织、政府多方参与，发挥其项目参与积极性高、资金充足的优势。

**二是完善环境治理协调机制**。落实治污责任，严格实行跨界环境质量目标考核；加强协调沟通，合理确定跨界环境质量适用标准，加强标准的统一性和合理性，实施污染纠纷的科学调控；实现环境容量资源的优化配置，鼓励企业不断减少污染排放，促进技术革新，促进公众参与环境保护，实现政府环境管理职能，促进政府部门的合作与协调，建立科学的排污权交易构成体系。

**三是形成科学的政绩考核制度**。将生态环境绩效评估纳入地方政府政绩考核体系中，将生态系统质量和环境质量的改变及生态环境保护工作的成效作为地方政府官员政绩考核体系的重要内容之一，使生态环境绩效和官员升迁直接挂钩；将现行国内生产总值（GDP）和生态系统生产总值（GEP）挂钩。[2]

[1]　蔡文博、徐卫华、杨宁、郭小勇、欧阳志云：《生态文明高质量发展标准体系问题及实施路径》，《中国工程科学》2021 年第 3 期。
[2]　欧阳志云：《GEP 核算，认与知》，《学习时报》2021 年第 7 期。

# 第三节　生态环境同城化典型案例

上海近邻城市生态环境同城化 20 多年的发展，涌现出许多典型案例，提供了许多宝贵经验，也形成了一系列有效措施和方法。从生态环境保护的现实紧迫性、成效显著性、可复制可推广性等方面综合考虑，本节选择崇明鸟类保护、长三角大气联测联控、新安江流域浙皖生态补偿三个典型案例进行详细介绍。

## 一、崇明鸟类保护

崇明世界级生态岛是世界上最大的河口冲积岛，也是东亚—澳大利亚候鸟迁飞路线上一个重要的候鸟迁徙停歇地，崇明东滩鸟类保护是长江健康的指示器，对于长江大保护具有特殊价值。

为了保护崇明鸟类赖以生存的栖息地和食源，上海和近邻城市进行了多项生态协作保护的探索。2017 年，上海市、江苏省多次召开沪苏共建崇明世界级生态岛联席会议，明确两省共建协调机制推进生态岛建设，共同抓紧编制崇明岛上毗邻地区协同发展的区域规划，明确协同管控区域和目标。经过市相关部门、崇明区与南通市的多轮沟通协调，2019 年 12 月，上海市规划资源局、崇明区、南通市联合印发《东平—海永—启隆跨行政区城镇圈协同规划》。该规划着眼于建设世界级生态岛大背景，综合国家重要生态战略节点的保护要求和区域协同治理要求，提出区域协同、生态协同、规模协同、建设协同、支撑协同等"五个协同"的基本原则、重点任务和具体措施。2022年 1 月发布的《崇明世界级生态岛发展规划纲要（2021—2035 年）》

强调推动长江流域生态环境共保共治，强化长江口绿色发展战略协同。推动落实"东平—海永—启隆"三镇协同规划，建立崇明世界级生态岛跨区域规划管理机制，实施建设用地总量、建筑高度、建筑风貌及人口规模协同管控。深化推进跨行政区域联合执法，共同构建长江口保护开发战略协同区。

以"东平—海永—启隆"三镇协同规划为例[1]，上海和南通将以深度规划对接为基础，以共守生态保护红线为前提，以基础设施互联互通为突破，以东平—海永—启隆跨行政区域城镇圈共建为重点，通过建立战略合作关系，创新做实区域合作机制。根据协议，双方加强对养殖业、农业生产等农业面源污染的管理，推动养殖业退养及农业化肥农药施用管理。推动两地统一生活垃圾分类处理标准，推动跨界河流协同整治和管养，推进农村生活污水处理全覆盖。联合开展长江口重点近海海域污染整治行动，完成非法或设置不合理的入海排污口清理整顿。研究建立多元生态补偿机制，推进跨区域生态文明体制改革、生态环境治理机制及生态文明法治建设理论研究和实践探索，共同推动生态环境质量全面改善。

在上海和近邻城市协同保护的努力下，崇明生态岛以东滩鸟类等生物多样性保护为基础，积极建设成为鸟类生存和人类宜居的和谐共生之地。截至 2020 年，崇明东滩鸟类协同保护成绩斐然。占全球物种数量 1% 以上的水鸟物种数由 7 种上升至 11 种，为全球生物多样性保护作出重要贡献。2022 年，保护区内已调查记录到鸟类 300种。其中，国家一级保护鸟类 19 种，国家二级重点保护鸟类 59 种，

---

[1]　张亢:《上海跨界地区协同规划探索——东平—海永—启隆城镇圈跨行政区空间协同规划》,《上观新闻》2021 年 4 月 28 日。

22 种鸟类列入中国濒危动物红皮书，12 种鸟类达到具有国际重要意义的数量标准。保护区的大部分鸟类为候鸟，其中以春秋迁徙路过的旅鸟和越冬的冬候鸟种类最多，数量最大。据监测数据推算，每年在保护区栖息或过境的候鸟数量达百万只次，有 11 种水鸟的数量达到或超过迁徙路线上种群数量的 1%。因此，保护区对于迁徙候鸟的保护、对于我国履行国际湿地公约和树立良好国际形象具有重要意义。

## 二、长三角大气环境联防联控

区域性的环境空气污染是"十四五"期间长三角地区一体化发展亟待解决的问题，需要区域层面统一协调管控。为了打赢蓝天保卫战，给长三角区域居民提供洁净的空气等优质的生态产品，长三角区域联防联控协作机制自正式成立以来，在强化区域协作和生态环境质量改善方面取得了卓越的成效。2013 年实施《大气污染防治行动计划》以来，长三角地区大气污染防治工作不断深入推进，区域空气质量整体持续改善。2017 年，上海市、江苏省、浙江省 25 个城市细颗粒物（$PM_{2.5}$）年均浓度为 44 微克 / 立方米，较 2013 年下降 34%；安徽省可吸入颗粒物（$PM_{10}$）年均浓度下降 11.1%，均超额完成空气质量改善目标。自长三角区域一体化发展上升为国家战略，长三角区域生态环境联保共治进入快车道，区域大气环境质量持续改善。2021 年，长三角区域 $PM_{2.5}$ 平均浓度为 31 微克 / 立方米，较 2020 年下降 11.4%。2022 年，长三角地区 41 个城市平均优良天数比例为 83.0%，$PM_{2.5}$ 平均浓度继续保持在 31 微克 / 立方米。

长三角城市间开展大气联防联控取得了许多宝贵的经验。根据生态环保部印发的《打赢蓝天保卫战三年行动计划》（以下简称《行动计划》）"开展重点区域秋冬季攻坚行动"任务要求，长三角区域正积极建立和完善区域协同监测监控体系。目前，已在部分城市和地区设置开展空气质量监测。例如，上海市设置空气质量监测站点10个，并实时发布全市各站点$PM_{2.5}$、$PM_{10}$、$O_3$、$CO$、$SO_2$、$NO_2$六项监测因子小时均值，以及站点实时空气质量指数、质量评价、首要污染物。可对过去30天AQI、$PM_{2.5}$、$PM_{10}$变化进行查询，包括各站点过去24小时空气质量指数，分区实时空气质量状况、实时指数、质量评价和首要污染物，未来3天空气质量预报，以及过去3年全市历史空气质量数据查询。江苏省生态环境厅定期组织对13个设区市$PM_{2.5}$浓度、臭氧超标天数及空气优良率进行现状排名，同时，在网站上实时公布全省13个设区市环境空气质量点位，包括AQI、污染等级、首要污染物，$PM_{2.5}$均值等因子，并实时发布城市空气质量日报。浙江省生态环境厅官网公布全省11个城市AQI和$PM_{2.5}$实时数据和日数据，以及各城市的空气质量等级，并设置清新空气信息发布，实时发布10个基本站和10个功能站点的负氧离子监测数据，同时，公布历史重污染天气应对措施。安徽省生态环境厅官网发布合肥市空气质量数据，实时发布合肥市10个国控站点和5个省控监测站点的$PM_{2.5}$、$PM_{10}$、$O_3$、$CO$、$SO_2$、$NO_2$六项监测因子小时均值，以及空气质量指数、污染等级和主要污染物，并公布最近30天合肥市空气质量指数变化图，以及安徽省包括合肥市在内的16个城市空气质量日报，包括空气质量状况、AQI指数、首要污染物、空气质量等级等。

自 2020 年《行动计划》发布以来，长三角地区正在积极研究构建区域生态环境大数据综合管理平台，逐步实现常态化数据共享和智能化应用管理。统一环境监测监控体系，先行衔接跨界地区空气质量监控站点体系建设。区域内科学布设 VOCs 监测点位，提升 VOCs 监测能力，监测站点建成后将与中国环境监测总站联网并在区域内共享。加强污染源监测能力建设，全面完成烟气排放自动监控设施安装并实现区域联网。此外，还着力打造一体互联的交通信息平台和交通污染监测网络，支撑区域一体化智慧物流服务并提升移动源监管能力，推进多式联运和污染监管信息交换共享。

逐步完善应对重污染天气联动机制。完善长三角地区空气质量预测预报机制和应对重污染天气应急联动机制，联合做好重大活动环境质量的协同保障工作。目前长三角区域正在强化环境空气质量预测预报中心能力建设。2022 年，长三角地区空气质量预测预报中心已经实现 7—10 天预报能力，省级预报中心基本实现以城市为单位的 7 天预报能力。

实施区域重污染天气应急联动。长三角区域大气污染防治协作小组办公室依据大气污染现状、季节性变化特征和传输规律，组织制定区域预警联动方案，统一区域应急预警标准，明确各级别的启动和解除条件，完善区域会商、区域通报、应急联动工作机制。各地将区域应急联动措施纳入本地重污染天气应急预案。当达到区域应急联动启动条件时，由生态环境部或区域空气质量预测预报中心向行政区域内各省（市）通报预警提示信息。各省（市）按照预警提示信息，及时发布区域重污染天气预警，组织所辖地市积极开展区域应急联动，各地市（区、省管县等）也会及时启动相应级别预警。

建立统一的环境管理政策。各省市不断推进长三角区域实行统一的大气污染物排放标准、清洁生产标准、绿色产品标准和环境执法规范。逐步统一区域环境准入门槛，对重点行业、领域，建立区域协同的污染物排放标准体系、能源消费政策。探索建立区域统一的 VOCs 控制技术规范体系，包括 VOCs 排放核算方法，针对石化、化工、涂装、印刷、制药、电子、印染等重点行业的 VOCs 排放标准，低 VOCs 含量涂料产品标准，以及在用机动车船和非道路移动机械排放管理标准等。建立完善三省一市环境信息共享平台，共享环境质量、污染排放及污染治理技术、政策等信息。持续开展机动车船和非道路移动机械异地监管。依托长三角合作平台，加强长三角地区联动执法，重点加强机动车污染、跨界大气污染的环境监管和联合执法。

长三角区域大气协同治理在政府行政合作的基础上，正在努力发展行政、市场和社会三种机制的协同作用。在强化行政合作的基础上，不断强化市场机制的作用，帮助企业提高污染治理能力，提高绿色竞争力。各省市加快完善长三角区域大气污染治理的市场激励机制，调动民间资本的积极性，发展绿色金融，确保企业少排污能获得利益。同时，建立长三角区域大气污染防治的各类补偿制度，做到区域内建设项目利益共享、完善区域内生态补偿机制等，形成区域大气污染协同治理利益共享机制。区域政府重视社会公众的作用。一方面，对环境保护加大宣传力度，提高社会公众环境保护的意识，另一方面，畅通参与渠道，为社会公众参与政府与企业决策创造条件，并鼓励社会公众监督政府与企业的环境行为，提高参与的有效性。

# 三、新安江流域浙皖生态补偿

新安江发源于安徽省黄山市休宁县，由黄山市歙县街口镇流入浙江省杭州市淳安县境内，平均出水量占千岛湖流入水量的近70%。在新安江流域，上游的黄山市是服务供给区，下游的杭州市是受益区，上下游不同的功能定位实际上造成了开发权的不平等。同时，杭州经济发展水平远高于黄山市，偿债能力强。上下游主体的功能定位和比较优势决定了新安江流域构建跨界横向生态补偿机制的必要性和可能（沈满洪、谢慧明，2020）。[1]横向生态补偿机制不仅有利于增强上游生态保护的积极性，也有利于保障下游水源安全。

## （一）生态补偿模式

打破行政壁垒，实现规划共享。2010年10月起，经过多方多轮磋商，财政部和原环保部共同印发了《新安江流域水环境补偿试点实施方案》。2012年以来，在中央政府的协调下，安徽省和浙江省签订了三轮新安江流域横向生态补偿协议，成功启动了三轮试点工作。2014年，两省还联合编制了《千岛湖及新安江上游流域水资源与生态环境保护综合规划》，进一步强化流域的共保共享。新安江流域水平生态补偿是地方生态环境治理在中央高位推进下，打破行政壁垒、最终形成的两省共同保护一个流域的模式。

协同水质监测，实现信息共享。两地实现交界断面水质的长期监测，在浙皖交界口断面共同布设了9个环境监测点位。各点位采用统

---

[1] 沈满洪、谢慧明：《跨界流域生态补偿的"新安江模式"及可持续制度安排》，《中国人口·资源与环境》2020年第9期。

一的监测方法、统一的监测标准和统一的质控要求，获取上下游双方都认可的跨界断面水质监测数据，并每半年对双方上报国家的数据进行交换，真正做到监测数据互惠共享。

跨区域合作，共同探索生态产品价值实现路径。在直接投入生态补偿资金整治污染产业的同时，浙江、安徽两省也在积极探索实现生态产品价值的路径，推动发展生态旅游和绿色产业，努力建立生态补偿与产业结构优化协调发展的长效机制。例如，黄山市与杭州市通过园区与企业之间的多种合作方式，推动绿色产业园区的合作共建，共同参与生态文化旅游建设规划的编制。组织特色农产品展销会、民俗文化节等活动，吸引游客和投资。

**（二）生态补偿成效**

流域水环境质量持续提升。试点工作开展以来，新安江流域水质持续平稳良好发展，补偿指数 P 值已连续 10 年达到补偿要求。2018年 4 月，第一轮、第二轮试点绩效评估报告通过专家评审。报告显示，两轮试点工作中，新安江流域上游水质总体良好，下游千岛湖水质同步改善。2021 年 12 月，新安江流域生态补偿机制第三轮试点绩效评价报告顺利通过专家评审。第三轮试点工作期间，年均 P 值进一步下降，浙皖两省交汇处水质连续 10 年达到地表水环境质量二级标准。

近邻城市绿色经济稳步发展。试点工作开展以来，新安江流域上游黄山市绿色经济总体良好，区域 GDP 保持平稳较快增长，居民生活水平稳步提高。据生态环境部规划院评估，2021 年新安江生态系统服务价值达 246.5 亿元，水生态服务价值达 64.5 亿元。生态补偿机制对刺激区域经济结构转型、促进经济良好快速发展的潜在价值逐渐显现，"绿水青山"正逐步走向为当地居民带来"金山银山"。

　　社会激励和示范效应凸显。流域公众的生态保护意识普遍提高，企业生产行为不断规范，政府的发展观念得到优化和转变，为全民营造良好的环保社会氛围（王金南等，2016）。[1] 全国首个跨省横向生态补偿试点的成功实践，进一步巩固了新安江流域的开拓性示范地位，对全社会生态文明建设起到了引导和激励作用。

［1］　王金南、王玉秋、刘桂环等：《国内首个跨省界水环境生态补偿：新安江模式》，《环境保护》2016 年第 14 期。

# 第四章
# 上海近邻城市创新同城化

2020 年 12 月 20 日，科技部发布《长三角科技创新共同体建设发展规划》，明确提出以"科创 + 产业"为引领，充分发挥上海科技创新中心龙头带动作用，强化苏浙皖创新优势，优化区域创新布局和协同创新生态，深化科技体制改革和创新开放合作，着力提升区域协同创新能力，打造全国原始创新高地和高精尖产业承载区，努力建成具有全球影响力的长三角科技创新共同体。到 2025 年，形成现代化、国际化的科技创新共同体。到 2035 年，全面建成全球领先的科技创新共同体。

## 第一节　创新共同体建设基础

2021 年，长三角地区三省一市以全国 1/26 的国土面积、容纳了 1/6 的人口、创造了 1/4 的 GDP，R&D 经费占全国 R&D 经费总额的 30%，专利申请量占全国专利申请总量的 32.4%，每万人发明专利拥有量为 22.85 件，远高于全国 9.8 件的平均水平。放眼全球，长三角城市群是世界公认的六大城市群之一，是世界级城市群中发展中国家的唯一代表；回眸域内，长三角地区是我国创新活动最活跃、知识产权最密集的区域之一，具备了转型发展、高质量发展、一体化发展、引领发展的优越条件。

# 一、科技创新资源丰富

长三角地区科技创新资源富集，创新主体（高校、科研机构、创新型企业）、科研设施（大科学装置等）、科技人才等科技创新资源呈现出以上海为中心、以合肥—南京—无锡/苏州—上海—杭州—宁波为轴线的集聚特征。在调研中，不少委员指出，上海是我国最重要的科技、教育中心之一，是国家科创中心城市；江苏是我国高校最多、在校生规模最大的省份，科研实力强劲；浙江民营高科技企业发展迅猛，科技成果转化效率高；安徽充分发挥中国科技大学作用，在多个领域形成了独特科技优势。

在科研主体方面，根据长三角三省一市政协数据显示，长三角地区拥有普通高校 423 所、各类众创空间近 2000 个、各类科技企业孵化器约 1000 个、在孵企业 4 万多家、国家级高新技术特色产业基地 300 多个，以及国家级重点实验室、工程技术研究中心、企业技术中心 500 多家。其中，上海市拥有独立研发机构近 300 个、外资研发中心 400 多个，浙江省、安徽省县级以上政府部门属研发机构均达 100 个，江苏省市级以上政府部门属独立研究与开发机构约 500 个、各类新型研发机构近 400 个。上海市建有国家级智能传感器、集成电路 2

家制造业创新中心，是全国唯一同时拥有两家国家级制造业创新中心的省市，浙江省、安徽省、江苏省则在推进省级制造业创新中心建设上取得了重要进展。

在科研设施方面，长三角地区拥有 13 个国家重大科技基础设施，约占全国总数的 30%，上海、合肥科学城国际影响力初现。其中：上海市拥有软 X 射线自由电子激光试验装置、上海光源、转化医学研究设施等一批大科学设施，张江实验室建设取得重要进展；安徽省拥有合肥同步辐射、超导托卡马克核聚变和稳态强磁场等实验装置，量子信息科学国家实验室筹建工作稳步推进；浙江省之江实验室初具规模，"超重力离心模拟与实验装置"建设进展顺利；江苏省拥有未来网络试验设施和高效低碳燃气轮机试验装置，正加快建设网络通信与安全紫金山实验室。

在科技人才方面，据长三角三省一市政协相关数据显示，长三角地区拥有的两院院士占全国的 1/5，累计引进国家"千人计划"专家超 2700 人，占全国的 30%，风险投资机构数量以及资本规模分别占全国的 1/2 和 2/5。

## 二、科技基础设施与共享平台逐步完善

长三角三省一市领导高度重视科技基础设施建设，以张江、合肥综合性国家科学中心建设为牵引，长三角地区正加快建设一批大科学设施群和重大载体。如上海建有科技创新资源数据中心，浙江省建有科技创新云服务平台，江苏省建有科技资源共享平台，安徽省建有大型科学仪器设备资源共享服务平台。2003 年 9 月，沪苏浙

两省一市政府率先签署了《沪苏浙共同推进长三角创新体系建设协议书》。2004年安徽加入长三角以来，三省一市科技行政主管部门密切合作，在大型科学仪器开放共享、新型研发机构共建、科技联合攻关等方面取得了重要进展。2006年，三省一市科技管理部门合作建立了"长三角大型科学仪器协作共用网"，为长三角地区的广大中小企业、科研机构等提供大量的分析测试试验服务，而且还为国内多地区共建共享科技公共服务平台提供了标杆和示范，效果十分显著。

区域技术转移合作不断加强。以上海国际技术交易市场、江苏省技术产权交易市场、浙江科技大市场、安徽网上技术市场等为核心，在技术供需、技术交易等方面实现了初步的信息共享。长三角区域内技术转移机构进一步实现协同合作。据中国网数据显示，2021年，国家技术转移的东部中心在长三角地区设立了19个分中心，在长三角区域撮合达成技术交易也越来越活跃。同时，长三角地区建立的技术交易网络越来越丰富、越来越完善，三省一市相互间的技术交易合同输出有1.4万项，交易额540多亿元。

## 三、创新合作机制初现端倪

三省一市政府积极推动长三角区域创新共同体建设，构建了颇具特色的创新合作机制。2003年，上海、江苏、浙江科技部门联合组建了长三角区域创新体系建设联席会议办公室；上海与浙江湖州市长兴县、嘉兴市、海宁市，以及江苏宿迁市、苏州市、无锡市国家高新区合作，建立了区内"创新券"通用通兑机制；上海松江，浙江嘉兴、杭州、湖州、金华，江苏苏州，安徽芜湖、合肥、宣城9地市联合制定了G60科创走廊建设计划，并设立了负责具体推进的联合办公室。此外，江苏与上海、浙江、安徽高等学校、科研院所合作建设研发机构50家，占全省近15%；浙江与上海、江苏、安徽合作建设的研发机构甚至占全省研发机构总数的一半；上海与安徽联合设立的长三角合作专项，重点资助环境保护、公共安全、社会事业等民生领域关键共性难题的联合攻关，累计支持近400项，财政投入2.5亿元，带动社会总投入近18亿元。

此外，长三角地区企业尤其是民营企业与长三角高校、科研院所等的合作关系不断深入，从"星期日工程师"逐步发展到合作共建工程技术中心、企业研究院等各种形式的创新载体，尤其在高新技术、战略性新兴产业、节能环保、高效农业等领域，长三角地区以企业为主体的产学研合作始终走在全国前列。

## 第二节　创新共同体建设重点

长三角区域一体化发展是我国新时期改革开放的重大战略举措，肩负着引领我国城市群创新发展、进一步提升我国国际竞争力的重任。为了更好地体现"协同创新、共同发展"、追求更高质量一体化发展的要求，应该充分发挥党组织在长三角区域创新共同体建设中总揽全局、协调各方的核心领导作用，采取"三大行动"，以创新平台、科技资源、创新服务、高端人才为抓手，建设长三角创新共同体。

# 一、管理协调体制

区域创新发展有其内在的科学规律，长三角地区区域创新共同体的形成与发展需要社会各方面的关心和支持。如何实现区域创新资源的最优配置，如何推动地区间创新合作与协调机制创新，如何解决区域创新产业链衔接与创新效益平衡问题，都需要长三角地区高校、智库研究机构的合作探索。应该进一步发挥长三角"三省一市"政协人才济济、建言献策经验丰富的传统优势，进一步完善现有三省一市政协主席联席会议机制，围绕长三角高质量一体化进程中的重大问题，开展有计划、有步骤、有重点的联合调研，为相关部门提供有高度、有针对性的系统解决方案。在此基础上，进一步完善长三角"三省一市"领导人定期会商制度，强化长三角一体化办公室、G60创新走廊联合办公室功能，更充分发挥社会公益组织作用，提高一体化机构对长三角创新共同体建设的综合协调能力和执行力。此外，应构建多主体联动的区域创新合作机制。基于"开放包容、共建共赢、尊重差异"原则，构建基于"政府—社会—市场"三位一体的区域创新共同体协调机制，形成政府制度引导、行业专业指导和市场竞争驱动多主体联动的区域创新合作协调机制。

第一，发挥市场在长三角创新共同体建设中的主导作用。世界城市群建设经验表明，企业是技术创新决策、研发投入、科研组织和成果转化的主体，市场对技术研发方向、路线选择、要素价格、各类创新要素配置具有决定性影响。长三角应该建立以企业为主体、竞合有序、符合国际规范的创新经济发展机制，推动长三角地区创新共同体内部优势互补、错位发展。

　　第二，组建一体化国有非盈利组织。德国史太白基金会成功经验表明，国有非盈利组织具有政府管理部门、一般服务企业所不具有的独特优势，能够较好地兼顾社会公益和运营效率的平衡。应由长三角"三省一市"政府共同出资，组建国有非盈利的长三角科技创新协调机构，具体负责创新平台构建、创新资源集聚、创新服务升级、创新人才流动等的运营与执行。

　　此外，应发挥专业组织作用，积极推进专业技术组织在创新机构运行、创新资源配置、创新活动组织、创新中介服务、创新人才流动等方面发挥作用。破除长三角行政壁垒，改革创新组织、评估、监管体系，推动"三省一市"政府有序向行业协会、经营主体权力下放，发挥行业协会的自律作用，规范长三角地区创新资源流动、遏制企业间不合理竞争。推动长三角资质互认，对经"三省一市"科技部门认定的包括高新技术企业、高新技术产品、科技型中小企业、科技中介服务机构、技术经纪人等实现资质互认。

## 二、协同合作平台

　　发挥"三省一市"各自优势，共建资源平台、大型数据库平台、信息平台、项目载体，建设长三角创新共同体，提升区域创新活力。

　　第一，共建长三角大科学装置，提升长三角承接国家重大科技攻关项目的能力。上海、合肥、南京国家级大科学装置是我国开展前沿领域重大科学与技术攻关的重要平台。应该借鉴美国布鲁克海文国家实验室、欧洲核子研究中心的成功经验，推进跨区域科学合作，集聚长三角区域顶尖科学家和科研团队，推进国家级大型基础性科学研究项目落地长三角。与此同时，应该进一步扩大长三角地区国家级和省级重点实验室、工程技术研究中心的相互开放，建立大科学装置共建共享新机制，完善相关制度、流程、法规，开展用户服务质量满意度评测，优化协同合作机制。

第二，共建共性技术服务平台，提高创新投入产出效率。在长三角地区联合高校与企业建设共性技术服务平台，推进形成"大院大所＋创客""央企总部＋创客""科技园区＋创客""投资机构＋创客"和"产业基地＋创客"等嵌入式、专业化的创客空间，为长三角区域的创新创业提供多样化、专业化、个性化的载体，实现资金共同投入、项目共同开发、技术共同攻关、利益共同分享，以光子科学与技术、生命科学、能源科技、类脑智能、纳米科技、计算科学等领域为重点，创新合作体制机制，避免重复投资、重复建设，提高长三角创新投入产出效率。

第三，共建长三角创新数据库，提升创新服务能力和水平。针对长三角"三省一市"专家数据库信息分散、重复建设严重的问题，应该由"三省一市"政府人事、科技管理部门共同出资，成立长三角创新数据管理公司，以现有上海科技人才信息库为基础，联合建设包括基础型、公益型、市场型专家信息，覆盖不同行业专业领域、不同层次层级、不同机构主体、不同需求的全球高层次科技专家信息库，并逐步启动专利技术交易、校企技术研发、科技金融、创业孵化、中介服务等创新数据"入库""联网""共享"工作，大幅提升长三角创新数据库的质量和对外服务能力和水平。

# 三、知名创新品牌

发挥上海品牌作用，创建上海与长三角其他城市创新品牌，集聚全球创新人才，形成完整的创新产业链。

第一，以创新品牌集聚全球创新人才。发挥长三角城市群作为"世界六大城市群"之一的品牌优势，在海外知名大学、科研机构、科技园区、跨国企业、研发中心等举行联合招聘活动，招揽全球高端人才。另外，建议借鉴新加坡人力部设立国外代表处的经验，长三角"三省一市"联合在美国、英国、法国、德国、以色列、瑞典、日本、新加坡等国家和地区建立海外人才预孵化基地及海外人才工作站，"定点，定制，精准"招揽特定人才。

此外，以长三角整体、综合性人才需求为出发点，构建多元、多层次的综合人才体系，满足企业多元人才需求结构。优化配置高级经营管理人才、特殊专才、科技服务业人才、国际创客等构成的应用型、多元化人才，以及配合顶尖人才工作的中高端科研人才、技术服务人才、普通科研人员、工程师和实验员等构成的"中间人才队伍"。

第二，形成长三角区域完整的创新产业链。"三省一市"具有形成完整创新链的潜力。目前，"三省一市"在科技创新领域已初步形成各具特色的创新合作方式和分工模式。上海在创新品牌、技术服务、科技金融领域表现突出，外资、大型国企在创新合作中占据主导地位；江苏省官产学研网络成长迅速，已显现出创新网络效应；浙江省民营企业、市场力量主导创新合作；安徽省则在创新产品制造加工方面领先，政府给予了诸多创新优惠政策。从打造区域完整创新产业链角度，在长三角不同地区优势的战略新兴产业领域，如人工智能、生物医药、智能制造、云计算、大数据等，基于产业经济创新发展一般规律，在创新产业链各个环节发挥地区差异性的优势，进行分工合作，形成创新集群。

第三，扩大长三角创新创业区域品牌影响力。"三省一市"不同创新主体，以多样的参与方式，共同举办国际性科学会议、科技会展、国际性创新挑战赛等活动，如合办浦江创新论坛、中国（上海）国际技术进出口交易会、中国国际进口博览会等；合理开展长三角技术转移服务"优秀企业 TOP10"、"卓越技术经理人 TOP10"等评选活动。打造长三角地区创新共同体品牌，在国内形成区域创新增长极，在国际上逐步建立长三角创新研发全球影响力。

# 第三节　创新共同体建设的典型案例

本节以长三角 G60 科创走廊、长三角科技创新资源共享服务平台、长三角创新券为对象，论述推进长三角创新共同体建设的起因背景、具体举措、取得成效及推广经验。

## 一、长三角 G60 科创走廊

G60 科创走廊已上升为长三角区域一体化发展国家战略的重要组成部分。2021 年 4 月 1 日，科技部、国家发展改革委、工业和信息化部、人民银行、银保监会和证监会等六部门联合发布《长三角 G60 科创走廊建设方案》，以持续有序推进 G60 科创走廊建设。2020

年 12 月 20 日，科技部印发《长三角科技创新共同体建设发展规划》，指出要发挥 G60 科创走廊九城市的创新资源集聚优势，先行先试一批重大创新政策，协同布局一批科技创新重大项目和研发平台，促进科技资源开放共享和科技成果转移转化。2019 年 12 月 1 日，中共中央、国务院印发了《长江三角洲区域一体化发展规划纲要》，指出依托交通大通道，以市场化、法治化方式加强合作，持续有序推进 G60 科创走廊建设，打造科技和制度创新双轮驱动、产业和城市一体化发展的先行先试走廊。G60 科创走廊秉持新的发展理念，聚焦以先进制造业为支撑的实体经济，在创新驱动发展、经济转型升级、深化改革开放和实现更高质量的区域一体化发展等方面走在全国前列，成为长三角贯彻新发展理念引领示范区建设的重要引擎。

G60 科创走廊由原先的"一廊九区"扩容至沪嘉杭 3 个城市，再扩容至如今的苏浙沪三地 9 个城市，从原来的区域协同创新发展战略上升为长三角区域发展战略（见表 4-1），三年内实现了从 1.0 版到 2.0 版再到如今 3.0 版的"三级跳"，是 G60 科创走廊根据区域发展新

表 4-1　G60 科创走廊发展历程

| 版本 | 走廊名称 | 提出时间 | 空间范围 | 主要目标 |
|---|---|---|---|---|
| 1.0 版 | G60 上海松江科创走廊 | 2016-5-24 | G60 高速公路松江段两侧 | 松江区内部协同创新 |
| 2.0 版 | 沪嘉杭 G60 科创走廊 | 2017-7-12 | 上海、嘉兴、杭州 | 沪嘉杭城市协同创新 |
| 3.0 版 | 长三角 G60 科创走廊 | 2018-6-1 | 上海、嘉兴、杭州、金华、苏州、湖州、宣城、芜湖、合肥 | 沪苏浙皖协同创新先行示范 |

注：作者整理。

机遇、新障碍和新形势，不断进行新定位、新布局、新举措的最佳选择。随着长三角一体化发展的深入推进，预计 G60 科创走廊将会沿阜阳方向和南京方向进行新一轮的扩容。

## （一）主要措施

### 1. 建立联席会议制度和联席会议办公室

2018 年 7 月 9 日，G60 科创走廊联席会议办公室在松江挂牌，作为长三角区域合作办公室的分支机构，初步设有综合、产业、科创、商务、宣传 5 个工作小组，九城市共派工作人员 28 名，办公室设在松江区，作为常设机构，主要任务是协调推进重大规划的组织编制及实施、重大政策的制定，以及重大工程，负责日常对接、协调和工作推进，及时汇总、上报、解决合作中遇到的各类问题。

### 2. 建立产业联盟和产业园区联盟

长三角 G60 科创走廊已成立 9 个产业联盟和 1 个产业园区联盟。九城市各扬所长，围绕产业链、创新链、价值链一体化布局，聚焦人工智能、集成电路、高端装备等七大先进制造业产业集群，已经成立新材料产业技术创新联盟、机器人产业联盟、智能驾驶产业联盟、新能源产业联盟、新能源和网联汽车产业联盟、人工智能产业联盟、生物医药产业联盟、集成电路产业联盟、智能装备产业联盟、通航产业联盟，并成立了产业园区联盟。通过建立产业联盟和产业园区联盟，可以打破行政区划、打破行政层级、打响优势品牌，推动长三角园区开发的规划、模式、标准一体化。此外，还有助于引导企业与高校、行业协会、技术联盟、研究院等组织合作，形成集联合研发、技术创新、人才培训、科技成果转化等于一体的"产学研"合作体系，促进行业内资源在九城市的集聚整合，以此提升企业产品及技术创新能力。

### 3. 全面开通"一网通办"服务平台

长三角 G60 科创走廊在总结江苏"不见面审批"、浙江"最多跑一次"、上海"一网通办"经验的基础上，目前已将"一网通办"嵌入长三角 G60 科创走廊九城市，以企业服务为突破口，实现九城市政务服务一体化。具体而言，在线上平台，通过流程再造和数据共享，九城市已完成政务平台对接、电子签证互认和业务协同，线下在九城市的行政服务中心均建立"G60 科创走廊综合服务通办窗口"，提供长三角 G60 科创走廊区域性一体化受理、收件、查询、发证等服务网，线上政务服务统一入口和出口，线下服务一窗受理、集成服务、就近办理。目前已累计为企业群众提供信息推送服务超过 82000 次，提供异地咨询服务超过 2000 次，提供异地证照服务超过 400 次。

### 4. 建立区域协同创新机制

九城市进行大型科学仪器开放共享和科技创新券互认互通试点，首批公布了 12 类 1796 台（套）大型科学仪器开放共享清单；通过举办九城市科技成果专场拍卖会，促进科技成果在 G60 科创走廊落地转化。2019 年 6 月 12 日，首届长三角 G60 科创走廊科技成果拍卖会在松江举行，共计成交数量 42 项，总成交金额达 1.04 亿元。2018 年 11 月 8 日，九城市共同发布《G60 科创走廊九城市协同扩大开放促进开放型经济一体化发展的 30 条措施》，G60 科创走廊九城市将每年联合举办 G60 科创走廊国际化科创人才招聘会，聚焦先进制造业等重点产业领域的人才需求，集聚各类优秀国际化人才；设立 G60 科创走廊国际公共技术研发平台，对接企业需求与科研机构；协同建立九城市国际专利快速审查、确权和维权机制，推进知识产权诚信体系建设；加快构建 G60 科创走廊知识产权国际公共服务平台，积极参与国际化知识产权交易中心建设，加大对高质量专利和涉外专利的支持力度，促进涉外高价值知识产权转移转化。

## （二）主要经验

### 1. 体制机制不断创新

区域间的一体化发展障碍主要在于行政区划界限，主要突破口在于制度创新。G60 科创走廊在短短的 3 年内实现了从 1.0 版到 2.0 版再到如今 3.0 版的"三级跳"，从原来的区域协同创新发展战略上升为国家战略，得益于其在打破行政壁垒、降低区域制度性交易成本、促进优质资源在空间上合理配置方面所取得的一系列成绩。G60 科创走廊的核心要义就是制度创新，通过建立联席会议制度和联席会议办公室，为九城市协同创新提供了制度保障；通过优化长三角 G60 科创走廊综合交通体系，为区域互联互通提供了交通保障；通过建立产业联盟和产业园区联盟，为九城市产业链、创新链、价值链的一体化布局提供了平台保障；通过建立区域协同创新机制，为九城市创新发展提供了动力保障；通过开通"一网通办"服务平台，为九城市营商环境优化提供了服务保障。

### 2. 合理分工各扬所长

围绕产业链、创新链和价值链一体化布局，九城市各扬所长、各有作为。松江作为 G60 科创走廊的发源地，背靠上海科技创新资源优势，是向东承接上海全球科创中心和先进制造功能、向西辐射江浙皖腹地的枢纽和要冲；宣城位于苏浙皖省际边缘区，致力于打通省际断头路，为 G60 科创走廊疏通骨干交通体系；金华成立了 G60 科创走廊首个产业联盟；杭州为 G60 科创走廊提供数字经济、互联网、大数据与经济深度融合发展经验；嘉兴作为对接大上海的"桥头堡"，是科技创新券跨区域使用试点城市；湖州在上海设立了"湖州全球招商中心"，聚焦于引进长三角的高端人才和先进科研技术；芜湖致力于 G60 科创走廊机器人产业的深度融合和规模化发展；苏州致力于 G60 科创走廊产业园区协同发展；合肥凭借国家综合性科学中心致力于新能源领域的协同发展。

### 3. 以专题合作为抓手

通过推动重点专题合作内容向纵深拓展，根据九城市的要素禀赋、产业基础和比较优势，协同创新攻关推动高质量发展一体化。G60 科创走廊围绕产业链、创新链、价值链一体化梯度优势布局，聚焦人工智能、集成电路、高端装备等一批先进制造业产业集群，有效地整合以松江为龙头的人工智能产业、芜湖的航空和机器人产业、苏州的智能制造和集成电路产业、杭州的生物医药产业、宣城的新能源产业、合肥的新能源和网联汽车产业等，促进了九城市企业加强沟通接洽，形成上下游联动发展、有机整合的产业集群。通过成立产业园区联盟，以产业园区平台深度合作为切入口，打破行政区划、打破行政层级、打响优势品牌，积极探索品牌园区优质项目长三角一体招商、统筹招商，建立品牌园区内产业转移利益共享机制，打造区域开放合作新优势。

### 4. 以综合交通体系为保障

长三角 G60 科创走廊是三省一市空间距离最近、最易联动和一体化发展的区域，沿 G60 高速、辐射沪苏湖合高铁沿线的科创走廊，内外交通便捷通畅高效，现阶段已形成"2小时通勤圈"。未来，G60科创走廊将进一步加快推进沪苏湖合高铁建设，加快"松江枢纽"项目建设，提升"松江枢纽"对杭州、合肥等枢纽的辐射能力，汇集沪苏湖合高铁、沪昆高铁、沪杭城际等多条线路，优化交通体系，积极推进商合杭、杭临绩等区域高铁项目建设，不断优化综合交通体系，为要素区域流动提供基础设施支撑；规划沪苏湖合沿线高铁站与产业园区、科创功能区的市内交通联系，提高九城市重要产业园区和创新功能区的交通便捷度，促进科创要素在长三角自由流动和高效配置；加强九城市交通规划衔接，积极打通毗邻城市断头路。通过优化G60科创走廊综合交通体系，可以加强基础设施互联互通，发挥G60科创走廊辐射带动效应，进一步扩大G60科创走廊同城效应。

## 二、长三角科技资源共享服务平台

为贯彻落实习近平总书记关于推动长三角更高质量一体化发展的重要指示精神，长三角科技主管部门高度重视长三角科技资源开放共享工作。2018年8月，江浙沪皖四方科技厅（委）召开工作会，共同商讨长三角科技资源一体化，达成建设科技资源融通平台的合作意向。2018年10月30日，四地科技主管部门在浦江论坛共同启动了"长三角科技资源共享服务平台"建设工作。2018年11月16日，四地建设主体单位在第三届长江经济带科技资源共享贵州论坛上签署了《长三角科技资源共享服务平台共建协议书》，明确了建设责任。2018年年底，上海市科委正式立项启动"长三角科技资源共享服务平台"的建设工作。2019年4月26日，在2019年度上海研发公共服务平台指导协调小组会议上，长三角科技资源共享服务平台正式开通，共享服务平台 1.0 版本上线试运行。

**（一）主要措施**

在《长三角科技资源共享服务平台共建协议书》建设思路的指导下，长三角科技资源共享服务平台提出了 6 个建设内容，即建立一个长三角区域科技服务资源池；绘制一张长三角区域科技资源创新地图；搭建一个具备服务运营功能的跨区域的资源与需求对接的共享服务平台；探索建立 4 + 1 + N + X（4 家省级平台及长三角 27 个城市的城市分平台、1 家运营机构、N 家科技服务机构和科技中介服务机构、X 家长三角区域企业）的跨区域服务运营体系；建立覆盖 27 个城市的科技资源共享创新服务共同体；探索跨区域科技资源共享政策。

同时，确定上海研发公共服务平台作为长三角科技资源共享服务平台的牵头和共建单位。上海研发公共服务平台近年来在科研仪器、创新基地、科技文献、高层次人才、科学数据等方面，推动上海科技资源集聚、共享和服务。据新华网 2019 年 5 月 8 日发布的数据资料显示，截至 2019 年 5 月，上海研发公共服务平台汇聚了 30 万元以上大型科学仪器设施达 12209 台 / 套，仪器总价值约 152.86 亿元。此外，大型仪器共享法规的实施，避免了重复购置，提高了财政资金的投入效率。上海研发公共服务平台累计对 15 个主管部门的 1634 台 / 套总值超过 27.7 亿元的仪器申购预算进行了联合评议，共核减仪器新购资金 7.28 亿，总核减比例为 26.27%。此外，上海研发公共服务平台聚焦"人才、机构、装置、项目、资金"等科技创新资源，启动科技创新资源数据中心，正式上线我国首个面向全球的科技专家大数据平台——全球高层次科技专家平台，目前该平台已完成全球35万高层次科技专家数据的加工和挖掘。

## （二）主要经验

### 1. 统一规划设计

统一规划，强调整体性。在国家科技基础条件平台的框架下，综合考虑长三角各地已有的基础，《协议书》明确了未来长三角科技资源共享服务平台的 4 + 1 + N + X 框架，即 4 家省级平台及长三角 27 个城市的城市分平台、1 家运营机构、N 家科技服务机构和科技中介服务机构、X 家长三角区域企业，每个分平台均采用统一的数据交换标准和接口。基于整体规划和统一标准，三省一市纳入平台中的相关科技信息将能够实现全面对接、无阻互通。

### 2. 重视可操作性

分步分头推进，追求可操作性。通过与三省一市建立资源数据接口，平台实现了长三角区域大科学装置、国家级实验室、工程中心、高新园区、服务机构、科研人才、科技政策等科技创新资源数据层面的打通，为建立长三角科技资源共享数据池和推动长三角科技资源共享服务奠定了基础。同时，由于各地情况差异，三地将在总体框架下结合各自特点，分头建设地方平台，通过系统总成最终形成区域整体的服务平台。

### 3. 完善的组织机制

加强机制设计，体现保障性。长三角科技资源共享服务平台按照政府管理与市场运营相结合的双轮驱动推进平台建设与运营；以传统服务和数据服务相结合，双轮推进服务产品和服务体系构建。

# 三、科技创新券

近年来，科技创新券在国内各地区关注度持续上升。2012 年 9 月，江苏宿迁市在全国率先推出科技创新券，受到了各地广泛关注。2013 年，浙江省长兴县联合上海研发公共服务平台推出了全国第一张跨省使用的创新券。2015 年以来，创新券开始在全国普遍推行实施，如浙江、江苏、北京、上海、广东、天津、山西、贵州等地，科技创新券政策迅速在全国推广开。各地在省、市、区不同层面纷纷出台了适应本地创新需求、各具特色的创新券实施管理办法。

## （一）主要措施

我国省级层面的创新券管理办法普遍对创新券未作细化分类。但省以下部分市、县、区则结合本地实际，为适应不同创新主体的需求、有针对性地促进重点领域和重点企业发展，设计了多种专项创新券，建立了创新券的分类管理机制。不同类别的创新券在支持力度、支持方式、管理模式上都有所不同。在省级层面，北京由北京市财政局会同市科委联合出台《首都科技创新券实施管理办法》。浙江、广东、重庆、天津、河北、山东、黑龙江、辽宁、甘肃、山西、海南等省市则由省级科技部门会同省级财政部门联合出台管理办法。福建、贵州、陕西等 3 个省则仅以省级科技部门名义单独发布管理办法。在省以下层面，宿迁、南京、济南等一些城市、地区以人民政府名义发布地方科技创新券实施管理办法，并专设了市级层面的创新券管理机构。浙江省人大还将创新券纳入《浙江省促进科技成果转化条例》，在全国首次把它上升到了地方立法的高度。

各地创新券政策支持对象包括三类。第一类是科技型中小微企业、高新技术企业、当地政府重点支持发展的企业。全国各省市的创新券政策都主要面向支持科技型中小微企业，具体标准各地不一。多数省市政策要求支持对象为已备案的科技型中小企业及高新技术企业、知识产权示范企业、科技孵化器入孵企业等。北京、上海等地则仅限制企业规模为中小微企业，对企业备案情况未作明确要求。此外，北京、上海、河北等地政策支持范围也覆盖到尚未注册企业的创新创业团队。较有特色的是浙江省，将确定创新券支持范围的自主权下放到下属各市，而省级部门不直接向企业发放创新券。第二类是科技服务机构。企业申请到创新券后，要使用创新券购买科技服务，因此各地政府对于提供服务的机构进行了限定。目前企业可以用创新券购买服务的机构包括：高校、科研院所、科技服务机构。第三类是进入科技创业孵化器的创业团队。关于创业团队的鉴定，各地政府都出台了具体的标准，比如上海认定的创业团队是指已入驻本市科技企业孵化器、大学科技园或众创空间，尚未在本市注册成立企业的创新创业团队（核心成员不少于 3 人）。

## （二）主要经验

我国自从江苏宿迁实施科技创新券政策以来，相继有 30 多个省（市）实施科技创新券政策，取得了宝贵的推广经验。

### 1. 不断完善顶层设计，加大政府支持力度

科技创新券制度设计是一项复杂的系统工程，包括政府、企业、

科研院所、高校等多个创新主体的相互协作，需要考虑资金、人才、政策、创新成果、管理等多种要素的交叉组合，科技创新券实施的效果与科学合理的规划设计密切相关。我国中小企业数量庞大、行业区域各不相同，情况非常复杂，需要进行多样化、个性化的设计，要结合各地实际情况，就科技创新券资金来源与构成、支持方式与规模、发放对象及要求、科技创新券形式及面额、发放与兑现等问题提出科学系统规划，并建立有效监督机制，保障政策顺利实施。

**2. 科技创新券的使用范围不断扩大，积极探索异地兑换制度**

国内科技创新券使用范围主要侧重于新产品研发设计、检测检验、成果转化等科技服务，主要属于传统科技服务的范畴。而国外科技创新券的使用范围较宽，几乎涵盖全部知识和技能领域，最典型的是新加坡。新加坡科技创新券计划刚推出时，只包括技术创新领域，后来扩展至生产率、人力资源和财务管理等领域，名称也从科技创新券改为创新与能力券，新加坡现行的科技创新券可以购买6大类技术领域、10大类生产领域、6大类人力资源领域、4大类财务管理领域的服务。建议我国科技创新券的使用范围要扩大，应尽可能涵盖到不同的创新活动上。借鉴学习上海和浙江长兴县做法，推广科技创新券跨区使用，明确科技创新券异地报销相关手续，长三角地区已先行试点开展科技创新券跨区使用，待条件成熟再在全国推广。

**3. 大力提升科研机构的服务能力，保障创新活动高质产出**

科研机构作为中小企业科技服务产品的提供者和科技创新券的接收者，是科技创新券实现支持科技创新活动成效的基础，科研机构服务能力的大幅提升，可以为科技创新券提供优质的科技服务"产品"，保障企业创新创业活动高质产出。我国科研院所、高等院校和各类科技中介服务组织数量众多，同时也拥有丰富的科技人才队伍，要大力提升科研机构的服务能力，建议采取有效措施激发科研机构和科研人员使用科技创新券的积极性，比如可以将科研机构和科研人员参与科技创新券的情况与其职称评聘考核挂钩，政府部门对于积极使用科技创新券项目的科研机构和科研人员予以表彰奖励等。

# 第五章
# 上海近邻城市经济同城化

　　长三角地区经济一体化体现出较强的政府引导、市场主导和新兴传导特征，政府角色由前台向后台转化，进一步激发市场活力，以企业为主体推动区域经济一体化水平提升。2020 年 8 月 20 日，习近平总书记在主持召开扎实推进长三角一体化发展座谈会时强调，面对严峻复杂的形势，要更好推动长三角一体化发展，必须深刻认识长三角区域在国家经济社会发展中的地位和作用，要紧扣一体化与高质量两大关键词。尤其是在当下形成以国内大循环为主体、国际国内双循环相互促进的新发展格局的关键时刻，长三角地区当为中国贡献独有的长三角经验与力量，发挥长三角地区产业链与供应链较为完善的优势，积极探索新发展格局形成的路径。由此可见，产业链与供应链优势将是长三角地区经济高质量发展的关键组分，而这一点在长三角地区的传统优势产业方面得到了充分体现。

# 第一节  城市空间溢出效应

　　长三角核心城市上海与苏州、嘉兴等近邻城市一体化发展，开创了"多核呼应、交替驱动、全面发展"的新局面，为长三角更高质量一体化发展战略的扎实推进发挥了先行示范作用。上海作为国际经济、金融、贸易、航运和科技创新中心及长三角地区的领头羊城市，无疑是长三角地区发展关键的风向标及增长极核心组成；苏州在长三角地区经济实力突出，下辖各市社会经济发展迅猛，均属于全国百强县序列，同时也是上海与江苏的重要联通渠道；嘉兴则位于沪杭、苏甬的十字中心，是上海联通浙江的桥头堡。而政策与工程层面的多点支持，如上海大都市圈、G60科创走廊及长三角一体化示范区建设及沪苏嘉城际铁路动工等，不仅为其近邻城市一体化发展奠定了良好的政策与设施基础，更彰显出上海市近邻城市一体化发展的重要性与必要性，三城之间的近邻一体化发展则将有助于提升区域间资源要素配置水平，进而大力推动长三角更高质量一体化发展目标的实现。

## 一、上海经济发展空间溢出效应

　　上海作为长三角地区龙头城市，其经济发展的空间外溢对整个长三角地区具有重要意义，而近邻地区作为其外溢的直接接触者，更是受益匪浅，突出体现在人才（技术）流动和产业辐射引领等方面。

　　在人才流动方面，最为典型的案例当属"星期天工程师"现象，其又称为科技人员业余兼职，主要指专业技术人员在周末或节假日等时间，通过正当途径为企业提供技能服务。这一现象主要起源于20

世纪 70 年代末至 80 年代中期的苏南地区，兴于 20 世纪 80 到 90 年代，主要由乡镇企业及政府主导，借助于退休工人及上海、南京等大城市专业技术人员的技术优势，以解决企业发展难题。"星期天工程师"现象在当时的社会大背景下，不仅促进了上海、南京等大城市生产技术和管理能力向苏南地区的转移扩散，对周边地区社会经济的发展起到了重要的推动作用，同时也推动了新企业和企业家的诞生，更促进了科技成果转化与创新的多元化发展，进一步提升了长三角地区的信息交流与要素置换的频率，促进区域联系日益绵密化。而时值知识经济时代的到来及长三角一体化跃升为国家战略，长三角地区的人才流动已经成为各城市所关注的重点。从政策方面来看，长三角地区科技人才政策存在较强趋同性，竞争的多元化趋势显著，政策的整体性与系统性还存在较大提升空间（白云朴，李果，2022；曾刚等，2019）；[1][2] 从人才流动的实际情况来看，各地区对高校毕业生的流动表现出较大关注，而长三角高校毕业生流动受距离衰减和等级跃迁规律所限制，区域内就业占比较高，上海及其近邻城市（如苏州、嘉兴、南通等）黏滞率均较高（崔璨等，2022），[3] 近邻城市一体化现象在人才流动方面也有所体现。

在产业转移辐射带动方面，1990 年浦东开发开放不仅促进了上海自身的跨越式发展，为内地企业"走出去"搭建了"窗口"，也进

［1］　白云朴、李果：《长三角区域一体化进程中科技人才政策趋同与竞争》，《中国人力资源开发》2022 年第 6 期。

［2］　曾刚、曹贤忠、倪外、滕堂伟：《长三角科技人才区域一体化障碍及其因应之道》，《科技中国》2019 年第 12 期。

［3］　崔璨、于程媛、王强：《人才流动的空间特征、驱动因素及其对长三角一体化高质量发展的启示——基于高校毕业生的分析》，《自然资源学报》2022 年第 6 期。

一步拓展了区内综合实力较强的企业集团在长三角地区的业务布局，尤其是国际化企业业务的不断展开，成为长三角地区整体经济发展的强大助力。上海市在跨国公司、外资研发中心等布局方面的优势，奠定了其在长三角地区经济发展的核心地位，凭借上海的发展带动，长三角地区得以快速融入国际劳动分工体系当中，资本跨区域流动日益活跃，长三角各地的经济联系也更为密切（王铮等，2005；高鹏等，2021）。[1][2] 其中上海近邻城市依靠其区位优势，通过借助于上海经济发展的产业转移及空间外溢，实现了自身的突破式发展，而苏州昆山则具有典型性与代表性。昆山在 20 世纪 80 年代初仍是一个典型的农业县，1984 年，昆山提出"东依上海、西托'三线'、内联乡镇、面向全国、走向世界"的发展思路，引入转型的"三线"企业，并积极承接上海转移出的工业企业，奠定了昆山最初发展的工业基础。进入 20 世纪 90 年代，昆山借助上海浦东开发开放的东风，提出服务浦东、当好配角、错位发展、打时间差的发展思路，开始大规模地招商引资，推动了昆山快速发展（张雷，2002；于涛方，吴志强，2004）。[3][4] 2018 年，昆山出台《对接融入上海三年提升工程实施方案（2018—2020 年）》，推动全方位、多领域、深层次对接融入上海。昆山的发展充分发挥了自身的区位优势，主动承接上海功能外溢，实现了经济的快速发展。

---

［1］ 王铮、武巍、吴静：《中国各省区经济增长溢出分析》，《地理研究》2005 年第 2 期。

［2］ 高鹏、何丹、宁越敏、韩明珑：《长三角地区城市投资联系水平的时空动态及影响因素》，《地理研究》2021 年第 10 期。

［3］ 张雷：《"昆山之路"越走越宽》，《求是》2002 年第 19 期。

［4］ 于涛方、吴志强：《昆山城市竞争战略与经营策略的动态演变研究》，《城市规划汇刊》2004 年第 3 期。

　　为进一步定量分析上海经济发展的空间溢出效应，这里从实际关联与潜在联系两方面，对上海市在长三角经济发展中的地位及其辐射带动作用进行量化剖析。在实际关联方面，基于长三角 41 个城市 1704 家上市公司 2011—2021 年的关联交易数据，对长三角城际投资联系情况进行可视化，其结果可见图 5-1。从图中可以发现上海投资关联数量在长三角整体所占的比例一直位于长三角各城市之首，全时间段占比均超过了 15%，尤其是对外投资占比更远超其他城市，印证了上海对外投资的溢出效应，在长三角城市中发挥龙头带动作用。同时，苏州及嘉兴城际间相互投资联系数量的占比均呈现上升趋势，尤其是苏州投资联系的占比提升较快，稳步提升至 8% 左右。

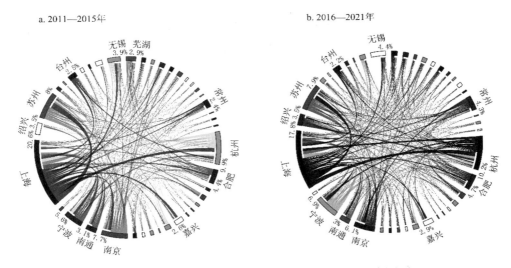

图 5-1　2011—2021 年长三角地区城际相互投资联系

資料来源：国泰安经济金融研究数据库（https://www.gtarsc.com/），2022 年 8 月 30 日。

　　进一步依据城际投资数据构建其投资网络，如图 5-2 所示，长三角地区投资网络从整体来看，随着时间的推进，城市间的空间组织关系日益紧密，城际投资的关联数量也在持续增长，利用 Gephi 软件测算出长三角地区城际投资网络的整体性指标平均路径长度增幅明显，2016—2021 年这一阶段的网络密度值达到了 0.495。可见，长三角地区城际投资网络的发展目前已达到较高水平，处于不断完善发展阶段。

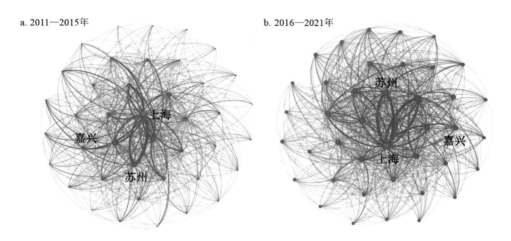

图 5-2　2011—2021 年长三角地区城际投资网络拓扑结构演化

资料来源：国泰安经济金融研究数据库（https://www.gtarsc.com/），2022 年 8 月 30 日。

从网络的节点属性来看，长三角地区投资网络中各节点加权度、加权出度及加权入度前五位整体较为稳定，上海始终位于长三角城际投资网络中的核心位置，投资辐射地位与吸引投资地位均十分突出。如表 5-1 所示，上海市全指标均位列榜首，同时，苏州的表现也较为出色，加权度与加权入度方面均位于前三之列。嘉兴在城际投资网络的地位整体较为稳定，加权入度排名稳中有升。从城市对的联系来看，上海对苏州的投资一直位于城际投资关联强度的首位，是长三角城际投资网络中最为重要的联系之一。

表 5-1　长三角 2011—2021 年城际投资网络加权度、加权出度、加权入度前十位城市

| 位次 | 第一阶段（2011—2015 年） | | | 第二阶段（2016—2021 年） | | |
|---|---|---|---|---|---|---|
| | 加权度 | 加权出度 | 加权入度 | 加权度 | 加权出度 | 加权入度 |
| 1 | 上海 | 上海 | 上海 | 上海 | 上海 | 上海 |
| 2 | 杭州 | 南京 | 杭州 | 杭州 | 杭州 | 杭州 |
| 3 | 苏州 | 杭州 | 苏州 | 苏州 | 宁波 | 苏州 |
| 4 | 南京 | 苏州 | 南京 | 宁波 | 苏州 | 南京 |
| 5 | 宁波 | 宁波 | 宁波 | 南京 | 常州 | 宁波 |
| 6 | 合肥 | 绍兴 | 合肥 | 合肥 | 南京 | 合肥 |
| 7 | 无锡 | 合肥 | 无锡 | 无锡 | 无锡 | 嘉兴 |
| 8 | 绍兴 | 台州 | 嘉兴 | 常州 | 绍兴 | 无锡 |
| 9 | 南通 | 芜湖 | 淮安 | 绍兴 | 合肥 | 徐州 |
| 10 | 芜湖 | 无锡 | 南通 | 南通 | 南通 | 南通 |

资料来源：国泰安数据库（https://www.gtarsc.com），2022 年 8 月 30 日。

投资数据揭示了长三角地区市际实际联系，但对于其潜在的空间关联关系涉及仍相对较少。因此，需进一步基于产业结构、居民生活及城市生态三大维度，选取产业结构合理化、产业结构高级化、人均 GDP、人均教育支出、万人医院床位数、$PM_{2.5}$ 浓度等指标（Chen et al., 2022；张英浩等，2022；滕堂伟等，2020；陆琳忆等，2020），[1][2][3][4] 通过熵权 topsis 法对其城市经济高质量发展水平进

---

[1] Chen Y., Miao Q Q., Zhou Q., "Spatiotemporal Differentiation and Driving Force Analysis of the High-Quality Development of Urban Agglomerations along the Yellow River Basin", *International Journal of Environment Research and Public Health*, No.19, 2022.

[2] 张英浩、汪明峰、刘婷婷：《数字经济对中国经济高质量发展的空间效应与影响路径》，《地理研究》2022 年第 7 期。

[3] 滕堂伟、林蕙灵、胡森林：《长三角更高质量一体化发展：成效进展、空间分异与空间关联》，《安徽大学学报（哲学社会科学版）》2020 年第 5 期。

[4] 陆琳忆、胡森林、何金廖、曾刚：《长三角城市群绿色发展与经济增长的关系——基于脱钩指数的分析》，《经济地理》2020 年第 7 期。

行量化测度，并借助于修正后的引力模型及行均值标准化规则构建城市间经济高质量发展水平联系网络（Wang et al.，2020）。[1] 其不同时间节点的可视化及社团划分结果可参见图 5-3。由图可知，2011—2020 年，长三角地区经济高质量发展水平呈现出明显的组团化发展态势，区域中心城市驱动作用显著，城市间联系呈现出"一超多强"格局，上海、杭州、南京、合肥等省会城市领头作用突出，城市近邻组团现象愈发明显。此外也可以看出，长三角地区城市间经济联系存在显著差异，组团化分布现象较为明显。总体而言，大致可以划分为 4 个组团：沪杭甬地区组团、南京近邻地区组团、合肥近邻地区组团及皖北苏北地区组团。其中以沪杭甬地区组团所囊括城市最多，涵盖范围最为广泛。其主要囊括上海、苏州、嘉兴等城市，以上海为中心，以其近邻地区（如苏州、嘉兴等）为媒介，延伸至浙江省全域和苏南地区部分城市，如杭州、宁波、南通、无锡等，由此可见上海市的"一超"地位得以凸显，近邻城市一体化效应显著；且该组团表现出一定的稳健性特征，在 2015 年与 2020 年其组分均未发生明显变化。而其他三个组团则多以省内城市为主，对外联系强度仍有待于进一步提升。究其原因，不难发现，沪杭甬地区组团的形成一定程度上得益于长三角区域一体化发展的推进。共商共建共管共享共赢等发展策略的实施为长三角地区各城市间的联系构建了良好渠道，如《长三角 G60 科创走廊建设方案》中强调要"健全互联互通的综合交通体系"，并明确指出"加快沪苏湖高铁、沪嘉城际轨道等工程建设"；

[1] Wang Z F., Liu Q F., Xu J H., Fujiki Y., "Evolution characteristics of the spatial network structure of tourism efficiency in China: A province-level analysis", *Journal of Destination Marketing and Management*, No.5, 2020.

而《上海市贯彻〈长江三角洲区域一体化发展规划纲要〉实施方案》中则对上海市与周边城市的交通互联及同城化建设水平提出了更高要求，而包括上海大都市圈协同发展建设以及以上海为中心的三大跨省城镇圈协调发展建设的推进，更为上海近邻城市一体化发展提供了政策保障及设施基础，在进一步夯实上海的核心城市地位的同时，为其空间溢出及辐射效应的发挥提供了优良的环境，并通过近邻城市一体化发展，强化城市间信息交流以及要素置换，优化区域资源配置水平。而诸如苏州和嘉兴等城市，作为联结上海与江浙两省的首要阵地，近邻城市一体化水平的提升，无疑有助于沪苏浙三省城市间联系的绵密化发展，从而助力长三角地区一体化高质量发展这一战略目标的实现。

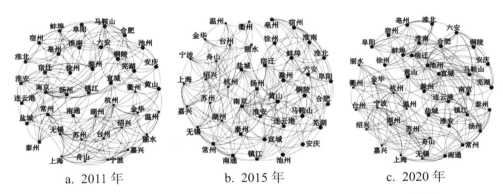

a. 2011 年　　　　　b. 2015 年　　　　　c. 2020 年

图 5-3　2011—2020 年长三角地区经济高质量发展联系网络结构

资料来源：国家统计局：《中国城市统计年鉴 2011—2020》，中国统计出版社 2011—2020 年版。

此外，为进一步厘清长三角地区不同城市在经济高质量发展水平联系网络中所处位置，研究进一步采用核心—边缘分析对其进行剖析，并通过 Gephi 软件进行可视化，结果可参见图 5-4，密度矩阵计算结果可见表 5-2。由图表可知：

（1）从核心边缘形态演变趋势来看，2011—2020年，长三角地区经济高质量发展水平空间网络的"核心—边缘"结构逐渐形成，且核心区近邻效应明显，集聚态势显著。核心区以上海大都市圈为中心，且总体表现为向北延伸拓展态势，苏南部分城市进入核心区而浙北地区部分城市退出核心区。

（2）从核心区城市变化来看，首先从数量角度而言，核心区数量均在11个左右，表现得较为稳定；其次从核心区组成来看，呈现出显著的极核效应以及近邻关系，2011—2020年，始终处于核心区的城市有上海、苏州、嘉兴、南通、无锡、常州、湖州、南京等，呈现出以上海市为核心，沪宁杭三城相呼应，以上海近邻城市（苏州、嘉兴等）为纽带，向外延伸拓展的分布格局。

（3）从密度矩阵测度结果（表5-2）来看，研究期内，核心区内部的网络密度呈现出下降趋势，而边缘区内部及核心区与边缘区间的网络密度则略有上升，这一定程度上说明了整体网络存在明显的层级结构，在核心区优势凸显的同时，其对周边地区的空间溢出效应及辐

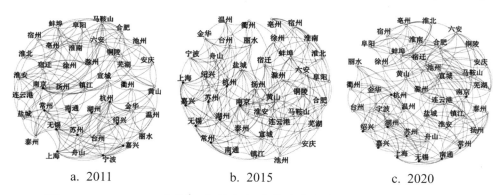

a. 2011                    b. 2015                    c. 2020

图5-4　2011—2020年长三角核心与边缘城市经济高质量发展联系比较

资料来源：国家统计局：《中国城市统计年鉴2011—2020》，中国统计出版社2011—2020年版。

注：黑色圆圈代表核心城市，其余为边缘城市。

**表5-2  长三角地区经济高质量发展水平核心—边缘密度矩阵**

| 网络密度 | 2011 年 | | 2015 年 | | 2020 年 | |
|---|---|---|---|---|---|---|
| | 核心区 | 边缘区 | 核心区 | 边缘区 | 核心区 | 边缘区 |
| 核心区 | 0.682 | 0.067 | 0.750 | 0.087 | 0.655 | 0.073 |
| 边缘区 | 0.191 | 0.236 | 0.219 | 0.226 | 0.203 | 0.240 |

资料来源：国家统计局：《中国城市统计年鉴 2011—2020》，中国统计出版社 2011—2020 年版。

射带动作用也逐渐增强，以上海为首的近邻城市一体化所引领的核心区在高质量经济发展水平空间网络中所扮演的角色愈发重要。

## 二、上海近邻城市经济高地建设

长三角地区是我国经济最为活跃、创新优势突出、对外开放合作紧密的区域之一，是我国经济发展的关键引擎。2021 年，长三角地区 GDP 总量超过 27 万亿元，以 4% 的国土面积，创造了全国约 1/4 的经济总量，成为中国经济发展的关键一极。长三角地区 GDP 总量占全国的比例由 2000 年的 22.5% 逐渐增加到 2021 的 24.1%，长三角区域的重要性在不断增加。从省级行政单元来看，2021 年，安徽和上海 GDP 突破 4 万亿元，浙江和江苏 GDP 则分别以超过 7 万亿元和 11 万亿元的总量分列全国省级行政单元的第 4 名和第 2 名，整个长三角地区经济发展成绩斐然。从城市尺度来看，2021 年长三角地区 GDP 超万亿的城市达到了 8 座，且有 18 座城市 GDP 超过 5000 亿元。上海、苏州、杭州、南京、宁波、无锡、合肥、南通八座城市均已进入 GDP 万亿俱乐部，成为长三角地区经济发展的重要支点。2011—2020 年，长三角地区经济实力得到显著提升，长三角经济高

原逐渐隆起。另一方面，长三角城市经济空间分布呈现出显著的区域
分异，上海始终占据长三角地区经济的最高峰，持续强化与周边区域
的发展优势。此外，以苏州、杭州、南京、合肥为代表的次级高峰在
不断成长，尤其是苏州，作为我国经济总量最大的地级市与其他三个
省会城市共同支撑起长三角经济高原。

　　长三角地区一直是我国对外开放的前沿。20世纪90年代上海浦
东开发开放，上海带动长三角地区逐渐融入全球化的经济体系。2001
年中国加入世界贸易组织后，长三角地区的开放型经济发展更为迅
速。上海自由贸易试验区的建立，以及中国国际进口博览会的举办，
则是推进更高水平对外开放的关键举措。对外开放成为推动长三角
地区经济发展的强劲动力。开放型经济也是长三角地区的突出优势。
图5-5展示了长三角近邻城市和整个长三角城市群进出口总额的增
长。长三角城市群进出口总额占全国的比例至2020年已逾35%。

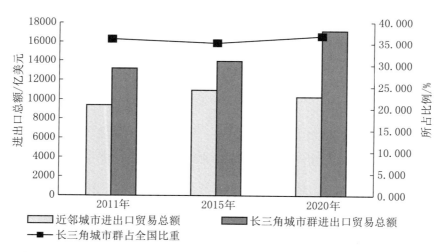

图5-5　2011—2020年长三角近邻城市及长三角城市群进出口总额变化

资料来源：国家统计局：《中国城市统计年鉴2011—2020》，中国统计出版社
2011—2020年版。

2020 年上海、苏州和嘉兴三地的进出口总额占长三角城市群进出口总额的比例超过了 50%。

　　勇当科技和产业创新的开路先锋是长三角一体化发展赋予长三角地区的重大使命。作为重要的区域创新高地，长三角地区拥有张江和合肥两个综合性国家科学中心，以及上海国际科创中心。长三角地区也是我国科技创新资源极为丰富的地区之一，区域内大学、科研院所、人才等创新资源高度集聚。2020 年，长三角每万人拥有研发人员 67.97 人，超过全国平均水平近 3 倍。重大科技基础设施是科技创新的基石，截至 2021 年底，长三角地区已建成重大科技基础设施 23 个，其中上海建成和在建的重大科技基础设施有 14 个。上海的龙头带动作用在科技和产业创新方面也得以彰显，尤其是在科技氛围最为浓厚的上海张江，不仅集齐了上海多数大科学装置、科研平台和一流研究院所，也集聚了面向前沿的创新产业、活跃的创新人才，拥有良好的创新生态，产出了丰硕的创新成果。产业是苏州最大的优势和长板，苏州紧紧围绕电子信息、装备制造、生物医药、先进材料、数字金融四大产业，在企业、人才和创新平台方面充分发挥优势，持续推进产业创新。嘉兴利用区位等优势，积极推动长三角 G60 科创走廊建设，借助这一跨省市的高能级科创平台提高协同创新能力。同时不断加大创新投入，2020 年嘉兴市 R&D 经费投入强度为 3.31%，居浙江省第 2 位。长三角近邻城市发挥各自比较优势，坚持创新驱动，引领长三角高质量一体化发展。专利是衡量创新产出的重要指标，专利申请能够在一定程度上反映所在区域的创新活力。图 5-6 显示出，上海、苏州和嘉兴作为长三角近邻城市，其以专利申请量为表征的创新活力值在 2011—2020 持续增长，同时，近邻城市专利申请数量占上海大都市圈的专利申请总量的比例及占整个长三角城市群专利申请总量的比例均处于较高水平，一定程度上反映出近邻城市在创新引领方面所发挥的关键作用。

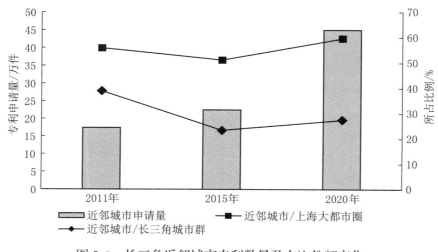

图 5-6　长三角近邻城市专利数量及占比份额变化

资料来源：中国研究数据服务平台（https://www.cnrds.com），2022 年 8 月 30 日。

企业是创新的主体。中小企业是我国经济发展的关键活力源泉。"专精特新"中小企业是指专业化、精细化、特色化，以及创新能力突出的中小企业，这些企业专注于细分市场，市场占有率高，同时，创新能力极强，掌握关键核心技术，对地方经济发展至关重要。专精特新企业的成长性极高，凭借自身特点极有可能逐渐发展变成龙头企业，甚至成为某一行业的"领头羊"。2021 年工信部等 6 部门印发的《关于加快培育发展制造业优质企业的指导意见》，明确指出"十四五"期间，要培育百万家创新型中小企业，10 万家省级"专精特新"企业，1 万家专精特新"小巨人"企业和 1000 家"单项冠军"企业。长三角各地也积极培育专精特新企业，凭借雄厚的经济实力、突出的产业优势，为专精特新企业提供发展动能，同时，凭借上海高端生产服务的溢出作用推动了长三角地区专精特新企业的数量增长（林江，2021）。[1] 如表 5-3 所示，通过对企查查数据库 2021 年已认证的长三角省级及以上专精特新企业名单进行查询梳理，并结合 ArcGIS 软件进行空间分析，根据企业注册地距上海的距离进行梳理，并将企业注册时间以 2009 年和 2019 年两个时间节点进行统计，可以发现两个时间节点均有超过 6 成的企业集中在距上海 300 公里以内。

表 5-3　长三角省级及以上专精特新企业数量

| 企业距上海的距离（公里） | 截至 2009 年企业数量（家） | 截至 2019 年企业数量（家） |
| --- | --- | --- |
| 50 | 1668 | 3844 |
| 100 | 2012 | 4445 |
| 150 | 2222 | 4853 |
| 200 | 2785 | 5795 |
| 250 | 2972 | 6133 |
| 300 | 3061 | 6279 |
| ≥ 300 | 1395 | 3366 |
| 总量 | 4456 | 9645 |

资料来源：企查查数据库（https://www.qcc.com），2022 年 9 月 30 日。

## 三、上海近邻城市辐射带动效应

为进一步剖析上海这一核心城市及其近邻一体化对长三角地区经济发展的带动作用，这里选取 2011 年、2015 年和 2020 年三个时间

[1]　林江：《培育和扶持更多专精特新"小巨人"企业》，《人民论坛》2021 年第 31 期。

节点，通过空间变差函数及克里金插值模拟对长三角地区经济一体化高质量发展中核心城市的辐射带动作用展开进一步探究：

（1）总体上，2011—2020 年，长三角地区城市经济高质量发展水平呈现出"东中高而西北低"的空间趋势格局，且东西方向和南北方向上的趋势面过渡均较为陡峭，这表明长三角地区城市经济高质量发展水平存在较为显著的空间差异。究其原因，不难发现这与区域资源禀赋差异及社会发展政策等具有直接关系，诸如省会城市与区域中心城市等，其经济发展基础较好，在政策制度、设施建设等方面具有天然优势，同时，随着区域间联系的日益紧密，各核心城市的极化效应进一步凸显，对周边城市资源要素产生了虹吸；而其涓滴范围则较为有限，资源要素溢出的直接得益者往往是其近邻城市，从而加剧了经济高质量发展水平的空间差异程度。

（2）东西方向上，2011—2020 年经济高质量发展水平始终表现出东高西低的空间分布格局，且其插值变化的陡峭程度有所提升，表示长三角地区经济高质量发展水平的东西差异进一步扩大。这主要是由于上海的辐射带动作用所致。随着长三角地区一体化水平的不断提升，区域间的要素流动及产业转移态势也愈加频繁，要素的流出与产业的转移呈现出一定的距离衰减规律，近邻城市承接上海的要素溢出及产业转移则对其自身发展大有裨益，同时，包括上海与周边城市交通建设的不断完善及同城化水平的不断提升，更是为以苏州及嘉兴为代表的近邻城市更好地吸纳上海的资源外溢奠定基础。

（3）南北方向上，2011—2020 年经济高质量发展水平始终呈现为"两边低，中间高"的倒 U 形分布特征，南部总体水平持续高于北部，且研究末期的陡峭程度较之研究初期更甚。这表明研究期内，长三角地区城市经济高质量发展水平在南北方向上差异有所坍缩，中部的上海市及其近邻城市优势持续凸显，占据发展高地。这也印证了前文所述的上海市的空间溢出效应及辐射带动作用，且这一点在上海市近邻城市（如苏州、嘉兴等）上体现得更为明显。

　　总体而言，长三角地区城市的经济高质量发展水平呈现出明显的空间差异，其东中高而西北低的分布特征显著，核心城市的空间溢出效应及辐射带动作用影响较大，近邻城市的组团化发展表现明显，其中又以上海的近邻城市一体化发展最具有代表性。具体而言，上海作为长三角地区的核心城市，其经济发展处于持续领先地位，产业转型升级较快，作为区域经济发展的增长极，其辐射带动作用极为显著，尤其是对于近邻城市而言更是如此。如苏州的发展契机均与上海息息相关，无论是 1990 年前后浦东新区的开发使其获得了向外向型经济转型的契机；还是 2012 年苏州撤县设区，使之直接接壤上海；抑或是借助于相对成熟的产业承接环境优势，稳定承接来自上海的产业转移，强化自身工业与制造业优势地位。又如嘉兴，其崛起也无法脱离上海的鼎力支持而存在，无论是《长三角 G60 科创走廊建设方案》，还是《长三角生态绿色一体化发展示范区重大建设项目三年行动计划（2021—2023 年）》，其中均指出要强化上海与嘉兴的互联互通水平，包括沪嘉城际轨道建设及企业外迁等。苏州与嘉兴两城作为上海与江浙两省交界的重要节点城市，其近邻城市一体化对引领长三角地区一体化发展具有极大的现实意义，尤其是在上海大都市圈建设及沪苏嘉同城化加速的大背景下，沪苏嘉三城正在形成合力，塑造新的区域增长极与科创策源地，以推动长三角地区一体化水平提升。

# 第二节　开发区异地运营

　　开发区作为区域发展的增长极，在区域高质量发展过程中具有举足轻重的地位，开发区异地开发、合作共建是优化区域要素配置、促进区域协调发展、提高区域整体竞争力的重要途径。长三角地区目前已开展了园区与企业、园区与政府、园区之间、政府与企业、政府与政府等多种形式的园区共建，但利益共享机制、合作机制仍是制约开发区协同发展的关键因素。

　　在以上海为核心的长三角近邻城市中，国际一流园区数量众多，发展成效在国内外处于领先地位，众多园区积极实施了异地开发行动。在高端要素集聚、高技术产业集群建设、新经济动能培育的基础上，成功打造了区域高质量发展高地，并主动发挥区域增长极的辐射带动作用，通过本地集聚、地方产业集群建设向区域集群网络构建的长三角特色模式，显著促进了近邻城市的一体化发展，开创了园区异地开发、合作共建驱动的长三角区域一体化发展新路径，奏响了园区、企业、政府机构、中介组织、高校与科研院所等不同类型关键主体异地结网互动、高质量一体化发展的协奏曲，涌现了一大批典型实践模式。这些开发区的异地开发、合作共建，在较短的时间内、在很大程度上绘就了长三角地区的经济地理新格局。

## 一、昆山浦东软件园

　　昆山是苏州下辖县级市，通过地铁 11 号线与上海相连，是江苏全面对接上海的"桥头堡"，更是中国县域经济排头兵和中国改革开放的一面旗帜，连续多年位居中国最强县级市之首。从 20 世纪 80 年代初"东联上海"的起飞到 21 世纪以来的与上海同城化发展，昆山成为长三角近邻城市持续高速高质量发展的一个缩影。昆山坚持融入上海、配套上海、服务上海的重要理念，学上海所长、创昆山之新，全面对接大上海，深度融入一体化，以高质量区域合作推动高质量一体化发展。2018 年以来，昆山市深入实施对接融入上海"三年提升工程"，全面推进规划战略、基础设施、科创资源、产业要素、环境治理、公共服务六大同城一体化计划，着力打造长三角一体化发展深度融合示范区。昆山浦东软件园又称上海浦东软件园昆山园，是双强耦合同城化高质量发展的代表。

昆山浦东软件园（上海浦东软件园昆山园）是上海浦东软件园股份有限公司与昆山市人民政府合作共建的软件及信息服务外包产业发展平台，也是上海国家软件产业基地、国家软件基地"浦软"品牌和产业服务功能的有效延伸。上海浦东软件园公司与昆山市政府于2003 年 1 月正式签署合作备忘录，明确了园区项目的选址、定位和目标及优惠政策原则。园区项目建设的土地使用权出让合同于 2003年 8 月正式签订，明确了产业用地和居住用地各占 50%。2005 年 5月，园区运营主体——昆山浦东软件园有限公司成立，注册资本现为2.5 亿元，其中上海浦东软件园股份有限公司出资占 96%，昆山软件园发展有限公司出资占 4%。

昆山浦东软件园区总建设用地面积 44 万平方米，总规划建筑面积 69 万平方米，其中产业用房面积约 50 万平方米，总投资约 30 亿元人民币。经过 10 多年的建设，园区已被认定为国家级科技企业孵化器、江苏省软件和信息服务产业示范园、江苏省级科技创业园，成为一个专业而舒适的软件产业创新社区。

　　园区的成功，得益于昆山市政府、上海浦东软件园的强强联合，也取决于园区优越的区位条件。园区所处的昆山巴城镇交通便捷，沪宁高速、苏州绕城高速、苏昆太高速、沿江高速环绕，沪宁城际铁路、京沪高速铁路贯穿，其中沪宁城际铁路阳澄湖站距园区仅需 9 分钟车程，园区距上海虹桥交通枢纽仅 1 小时车程，距上海浦东国际机场仅 1.5 小时车程。极大地便利了软件从业人员的交通区位指向条件。

## 二、漕河泾开发区海宁分区

　　上海漕河泾新兴技术开发区是国务院批准设立的国家级经济技术开发区、高新技术产业开发区和出口加工区，规划总面积 14.28 平方公里。作为上海建设具有全球影响力科技创新中心依托的六大重要承载区之一，也是目前国家级开发区中发展速度最快、单位面积投入和产出最高的区域之一。开发区形成了以电子信息为支柱产业，新材料、生物医药、高端装备、环保新能源、汽车研发配套为重点产业，高附加值现代服务业为支撑产业的"1 + 5 + 1"产业集群体系。漕河泾开发区实行"人大立法、政府管理、公司运作"的独特管理模式，是全国为数不多的不设管委会企业化运作的开发区。

　　漕河泾开发区在发展过程中不断通过"走出去"的方式实现发展空间的异地拓展，其中，既有上海市域范围内的统一品牌主导战略下的诸多特色产业园区的建设，也有异地产业转移基地中心建设模式和全方位紧密型的园区资本合作开发模式，还有在上海之外直接建立自身的分园模式，成立于 2009 年 12 月的漕河泾开发区海宁分区就是其中的成功典范。这是沪浙两地首个跨区域合作园区，经过 13 年的发展，已打造成为长三角一体化国家战略高质量协同发展的先行区和示范区。在第三届长三角开发区协同发展论坛：长三角开发区合作共建与联动创新高峰论坛（2020）上，上海漕河泾开发区海宁分区获"长三角共建省际产业合作示范园"荣誉称号。

漕河泾开发区海宁分区坐落于浙江省级开发区海宁经济开发区北区块，总规划面积 15 平方公里。海宁分区定位于新兴技术产业园区，致力于发展电子信息、新能源、新材料、生物医药、装备机械等先进制造业及现代服务业等产业。坚持"政府推进、企业运作、市场导向、集约发展"的原则，由漕河泾开发区和海宁经济开发区共同出资组建上海漕河泾新兴技术开发区海宁分区经济发展有限公司，作为海宁分区唯一的开发、经营主体。漕河泾海宁分区的主要运营团队由总公司指派，按照漕河泾开发区的园区运营标准体系和规范统一运作。海宁分区定位于"3·X"产业体系，在延续培育发展两大战略新兴产业——电子信息、装备制造的同时，改造提升时尚产业这一海宁当地的传统优势产业，实现了上海、海宁两地的优势产业的据点式战略耦合发展；"X"即通过产学研协作聚焦新兴产业和前沿科技，中法合作产学研园区、海宁中德创新中心等国际合作项目的深入实施为其提供了较强的驱动力。海宁分区 70% 以上的项目来自上海。

上海漕河泾新兴技术开发区海宁分区成为《长江三角洲区域一体化发展规划纲要》中跨界区域共建共享的典型，其成功之处在于临港集团向它输出了市场化管理的理念，给予了品牌联动的标准，创新了产业链上下游协同发展的模式。

# 三、上海外高桥启东产业园

　　启东位于江苏省东南端，长江入海口北岸，是江苏省日出最早的地方。濒海临江，三面环水，形似半岛。拥有国家一类开放口岸，江海岸线 178 公里，国民经济特色优势显著，先后获国家科技进步示范县（市）、全国农村综合实力百强县（市）、国家卫生城市、全国休闲农业和乡村旅游示范县、国家知识产权强县工程示范县（区）、国家园林城市等荣誉。启东与上海崇明岛隔江相望，崇启大桥联通双方，距上海浦东国际机场、浦东外高桥港区分别约 95 公里、65 公里，距上海市区 80 公里，比距离自身所属的江苏省南通市要近约 10 公里。"接轨上海、融入苏南"的战略部署促进了启东市国民经济的持续高速发展。上海外高桥启东产业园的建设与发展，就是该战略的一个生动写照。

　　2008 年，上海外高桥集团股份与启东市政府合作，在启东市高新区滨海工业园内打造规划面积达 5 平方公里的外高桥集团（启东）产业园，成为上海首例跨省办开发区。园区距离上海外高桥保税区仅40 分钟路程。上海的三好塑料、西西艾尔、上海科技大学免疫化学研究所等产业转移项目成功落地，助推长三角区域联动、协同发展。

　　该园区采取了股份合作模式进行建设，即合作双方共同出资，并交由合作双方成立的合资股份公司进行管理。公司负责园区总体规划、招商引资和日常经营管理等工作，收益按照双方股本比例分成。上海、启东共同出资 3.2 亿元成立合资公司，各占股本 60% 和 40%，税收等园区收益按照 6∶4 分成。这一模式由于引入了股份合作制，运作规范，双方积极性都很高，适合资金实力较强、园区开发经验丰富的发达地区政府、园区或大企业与具有较强园区开发经验的一方开展合作。目前，江苏与上海主要采用这一模式进行园区合作共建。

上海外高桥启东产业园作为上海外高桥集团（1994 年成立）第一次走出上海、跨行政区域经济合作的样本，其发展模式属于跨行政区的"飞地经济"，发展模式得到了相关部门的充分肯定。2017 年国家发改委联合国土资源部、商务部等八部委发布的《关于支持"飞地经济"发展的指导意见》，鼓励创新"飞地经济"合作模式，鼓励共建"飞地园区"，这是国家部委层面首次就"飞地经济"和"飞地园区"进行联合发文和充分支持。上海外高桥启东产业园较好地实现了区域联动、共同发展。在此案例中，有项目的外高桥没有发展空间，有发展空间的启东亟需好项目落地。良好的区位优势、深厚的产业积淀、高效的合作模式保障了项目的成功实施。按照"统一规划、成片开发、分期建设"的模式，上海外高桥启东产业园已形成了以外向型生产加工业为主，物流、贸易产业为辅，生产、办公、生活设施完备的综合性大型产业园，更成为上海外高桥保税区的一块"飞地"。

上海外高桥启东产业园的成功，进一步加快了启东接轨上海、融入苏南的步伐。2021 年，启东市发起成立了浦东·启东跨江融合生命健康产业联盟，构建浦东、启东两地生命健康产业要素共享、优势互补的协同发展生态；积极承办了第十届中国花博会启隆分会场；在上海、苏南等地举办了近 100 场次的招商活动，成功引进了 78 个亿元以上的高质量项目，其中 10 亿元以上项目 15 个。

# 第六章
# 沪嘉同城化

20世纪90年代，往返于沪嘉两地的"星期天工程师"开启了嘉兴对接上海的进程。随着区域经济进一步发展，区域间人流、物流、信息流、资金流等经济要素流通越来越紧密，区域协同、区域融合、区域同城发展越来越成为显著特征。在国家长三角一体化发展战略指引下，上海与比邻城市更加紧密地全域合作加快发展，在这一轮同城化发展热潮中，沪嘉接轨、同城化发展趋势和成就显著。

## 第一节　沪嘉同城化基础

同城化发展建立在一定基础上。首先，地理空间临近是同城化发展的首要基础，尽管现代交通体系极大地缩短了时空距离，但经济要素高效流通及其溢出效益在临近空间更容易凸显。其次，城市间经济接轨，基于产业链、供应链、创新链的分工合作优化要素资源市场配置，促进比较优势发挥及综合效益最大化；且同城化发展客观要求不同城市间以开放包容的格局容纳差异化发展基础、多样化发展需求，进行发展红利的辐射和共享，最终促进整体发展质量的提升。在同城化发展过程中，以园区共建为抓手最适合突破现行的约束，可在共同发展诉求或目标下，促进项目、方案、工程等的顺利落地，增强同城化发展的获得感。同时，同城化发展必须是高质量发展，引领性发展，在产业创新、平台建设、激发创新动力等方面实现突破。

# 一、空间邻近

嘉兴市位于浙江省的北部，在空间区位上毗邻上海，其辖区内的嘉善县和平湖市分别接壤上海市的青浦区和金山区，是浙江省唯一一个与上海市陆域相连的地级市。随着杭浦、杭州湾大桥北岸接线、申嘉湖三条高速公路建成通车，与原有沪杭高速公路和乍嘉苏高速公路形成了区域高速网络。交通对接网络化使得沪嘉的时空距离不断缩短。苏州、嘉兴与上海之间开通了高铁，从嘉兴出发经余杭、海宁、

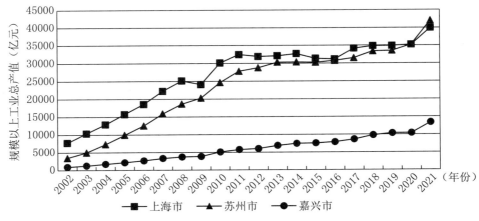

图 6-1　2002—2021 年上海苏州嘉兴市规模以上工业总产值

数据来源：上海市、苏州市、嘉兴市统计年鉴 2022。

桐乡三站最快 24 分钟便可到达上海虹桥。大大缩减了城市之间的时空距离和心理距离，减少了区域交流的时间成本和距离成本。总体上，作为经济发展水平较高的上海近邻城市，嘉兴已经划入了上海一小时交通圈。依托于邻近上海的空间区位优势，嘉兴市实现了较大的工业发展，20 年间，邻近上海的苏州和嘉兴规模以上工业总产值均稳步提升，嘉兴市保持稳步提升趋势。

## 二、经济接轨

改革开放初，嘉兴积极发展乡镇企业，丝织、皮革、毛纺针织等特色产业集群在嘉兴兴起，促进嘉兴经济快速崛起。20 世纪 80—90

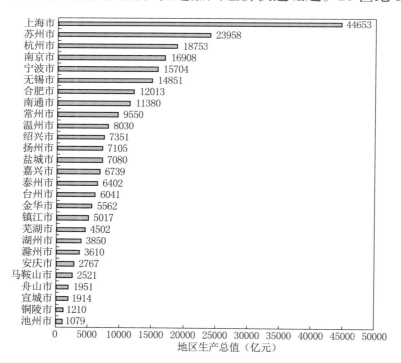

图 6-2    2022 年上海近邻城市同城化主要城市地区生产总值

数据来源：国家统计局：《中国城市统计年鉴 2022》，中国统计出版社 2022 年版。

年代，嘉兴民营企业积极前往上海请人才、找技术，"星期天工程师"应运而生。1990 年，嘉兴与上海联营的企业总量近 800 家，占全市联营、协作企业一半以上。1992 年，嘉兴市政府首次提出"接轨上海"的口号，并在 1998 年的第四次党代会上将"接轨上海"作为实现经济和社会发展的"五大战略"的首选战略。2003 年，嘉兴市出台了《关于主动接轨上海、积极参与长三角地区合作与交流的若干意见》，嘉兴将接轨上海作为一项重要的经济发展战略。嘉兴相关产业发展逐渐融入上海产业链、供应链体系，经济取得较快发展。图 6-2 数据显示，2022 年嘉兴 GDP 为 6739 亿元，位列上海近邻城市中上水平，具备较好的接轨上海同城化发展的基础。

## 三、开放辐射

随着经济全球化的日趋加快，外向经济在社会经济发展中的作用

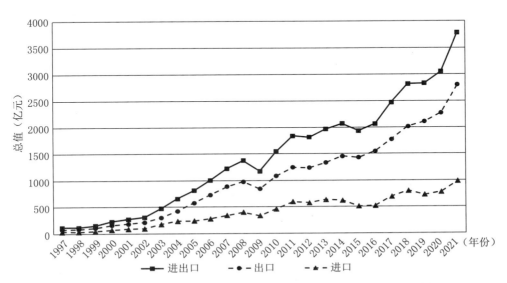

图 6-3　1997—2021 年嘉兴的进出口总额、进口总额和出口总额

数据来源：嘉兴市统计局：《2022 嘉兴统计年鉴》，中国统计出版社 2023 年版。

越来越重要。嘉兴市自 1993 年开始实施以外向为龙头的经济发展战略，紧紧抓住上海国际会议、金融、贸易的中心地位和开发开放的机遇，并结合自身的区位优势，将外资、外贸和外经"三外"并举。根据 1997—2021 年的嘉兴进出口总额、出口总额和进口总额数据（图6-3），三者的变化相似，并且从 2002 年开始增长迅速，都实现了跳跃式的发展。

## 四、园区共建

嘉兴市将工业园区作为经济、产业发展的载体，快速发展的园区经济及园区内产业与上海产业形成互补。截至 2016 年，嘉兴 14 个省级以上开发区（园区）中已有 11 个与上海重点平台签订合作协议。上海交大嘉兴科技园、张江长三角科技城、浙江毗邻地区一体化发展示范区、上海漕河泾开发区海宁分区、沪浙人力资源服务产业园等共建园区蓬勃发展，嘉兴综合保税区已复制落地上海自贸试验区新政12 项。目前，园区内已经落户的企业有 500 多家，其中，规模以上工业企业达到 86 家，上市企业 6 家。

## 五、创新借力

2019 年 11 月，《长三角生态绿色一体化发展示范区总体方案》发布，明确以上海青浦、江苏吴江、浙江嘉善为长三角生态绿色一体化发展示范区。嘉兴市积极推进长三角生态绿色一体化发展示范区，在创新发展上围绕产业创新、平台建设、激发创新活力等多个方面迅速制定实施方案。2020 年，嘉兴相继出台《推动建设长三角生态绿色一体化发展示范区的实施意见》及《嘉兴市关于支持共建长三角生态绿色一体化发展示范区的政策意见》。其中，在创新发展方面，嘉兴市以合力打造高质量发展新引擎、聚力打造高能级平台、推动高水平创新为目标，提出共同打造创业创新人才高地、支持专技人才队伍建设、支持嘉善片区发挥 G60 科创走廊桥头堡作用、支持高层次扩大对外开放 4 方面政策意见，全力聚焦创新发展，增强内生动力。从科技创新相关发展具体目标来看，嘉兴市嘉善县重在培育新兴产业，促进传统产业转型，建立高能级创新平台及创新载体阶段。在产业创新方面，嘉兴市重点在于培育新兴产业、推进传统优势产业转型升级等。在平台创新方面，嘉兴市注重推动高能级大平台和创新型新平台建设。在激发创新活力、提升创新水平方面，嘉兴市推动之江实验室、清华长三角研究院、中电科南湖研究院等创新载体落户，并加快科技创新券通兑通用，推动科技资源共建共享（表 6-1）。

表 6-1　嘉善县推进长三角生态绿色同城化发展示范区创新发展目标任务

| 地　区 | 工作举措 | 具　体　项　目 |
|---|---|---|
| 嘉兴市嘉善县 | 聚力打造高能级平台 | 合力推动高能级大平台和创新型新平台建设。积极推动中新嘉善现代产业园等平台整合优化，支持嘉善经济技术开发区优化提升和嘉兴综保区 B 区适时赋权扩容，打造临沪高能级智慧产业新区。支持高标准建设祥符荡科创绿谷，打造绿色创新发展新引擎 |
| | 聚力培育高质量产业 | 合力推进县域国家数字经济创新发展试验区建设，打造数字经济产业发展新高地。支持培育智能传感、人工智能、生命健康、新能源、新材料、智能网联汽车等新兴产业。合力推进传统优势产业转型升级，加快发展科技、金融、商务等特色服务经济 |

（续表）

| 地　区 | 工作举措 | 具　体　项　目 |
|---|---|---|
| 嘉兴市<br>嘉善县 | 聚力推动高<br>水平创新 | 发挥 G60 科创走廊纽带作用，创建国家创新型县。推动之江实验室、清华长三角研究院、中电科南湖研究院等创新载体落户。加快科技创新券通兑通用，推动科技资源共建共享。落实嘉兴服务长三角人才一体化发展行动方案，支持举办全球创业者大会，探索建立资质互认、户口不迁、关系不转、身份不变、双向选择的人才引进机制。发挥统一战线优势，加大海外高层次和紧缺人才引进力度，助力创新要素高效有序流动 |

资料来源：《中共嘉兴市委办公室嘉兴市人民政府办公室关于推动建设长三角生态绿色一体化发展示范区的实施意见》《吴江区建设长三角生态绿色一体化发展示范区 2020 年工作要点》。

# 第二节　沪嘉同城化规划

　　围绕长三角区域一体化发展国家战略目标，聚焦同城化与高质量两个关键词，重点从体制机制创新、城市发展战略优化、开放式创新、智慧专业化等方面提出嘉兴全面接轨上海同城化发展、推进沪嘉同城化的战略对策。

## 一、体制机制率先突破

　　从行政区划设置优化、协同开放合作试验区共建、政策与机制协同接轨及行政接轨常态化机制等方面构建嘉兴接轨上海同城化发展的新体制机制。

## （一）优化行政区划设置

优化行政区划设置，做大做强中心城市。"五县（市）两区"的行政区划格局和"省直管县（市）"的财税管理制度，使得嘉兴面临中心城区实力不强、能级不高、统筹协调能力弱等困境。根据《国家治理》2020年浙江省56个市（区）城市能级测评，嘉兴作为中心城区的南湖区和秀洲区分别排位23和28，而外围海宁、桐乡、平湖等三个县级市分别位列18、25和26，体现出嘉兴中心城市能级不够的突出问题。这一方面影响了嘉兴中心城市功能的提升与优化，制约了嘉兴接轨上海的空间功能和城市地位；另一方面，外围县市分散、自为接轨上海，导致嘉兴接轨上海缺乏战略整体性和协同性。因此，要立足嘉兴作为浙江全面接轨上海先行区、上海近邻城市同城化"桥头堡"的空间功能定位，争取得到浙江省和国家民政部支持，科学推进外围县、市撤县设区，做大做强中心城市，努力改变嘉兴地域不大、主体不少、行政资源分割、决策权力分散、集中力量办大事能力不强的现状，着力构筑决策科学、统筹有力、执行坚决、办事高效的行政管理体制。先期建议将嘉善县纳入中心城区，通过嘉兴市较高的城市地位和行政能力，更好地推动长三角生态绿色一体化示范区建设，促进嘉兴——上海更紧密接轨。

## （二）共建协同开放合作试验区

共建协同开放合作试验区，形成与嘉兴战略地位相匹配的制度高地。嘉兴作为浙江全面接轨上海的示范区、统筹城乡先行地，应为浙江乃至全国经济社会发展和制度创新实践先试先行。但受制于嘉兴城市发展规模和城市能级，嘉兴并未获得与其战略功能地位相匹配的制度优势和政策支持，因此嘉兴要积极向中央争取设立"沪嘉协同开放合作试验区"或"浙沪协同发展改革试验区"，争取国家层面对"协同开放合作试验区"建设的支持和指导，授权嘉兴就对外贸易、财政税收、商事登记等事项进行专项改革试点。

同时，嘉兴要以创建全面接轨上海示范区为契机，争取省级层面的支持和政策倾斜，尽快形成与嘉兴定位相匹配的政策高地，主要包括：（1）支持嘉兴国家级经济技术开发区、高新区和综保区率先复制推广上海自贸区各项政策；支持嘉兴在招商引资、外贸出口、技术开发等方面建立与上海统一的市场准入政策体系和制度规范，凡上海已经实行而浙江省尚未实行的，视实际需要由嘉兴提出意见报备省有关部门同意后，可率先试行。（2）支持嘉兴行政审批制度改革进一步深化，率先探索建设政府服务"单一窗口"，进一步减少审批事项，压缩审批层级。（3）支持并协调嘉兴与上海基础设施的互联互通，特别是在连接上海轨道交通、省际公交专线等基础设施建设方面，省级层面与上海市沟通对接，支持嘉兴建设跨域轨道交通。

## （三）推进集成式对接改革

推进集成式对接改革，实现政策与机制协同接轨。调研发现，嘉兴在推进全面接轨上海的实践操作中，主要存在三大问题：一是市（县）、区各政府部门对接各自为政。一方面，市级职能部门都局限在部门职能和业务范围内与上海对接，缺少分领域、分部门的信息收集、分类整理、归口执行、事后评估等相关的运转程序和运作机制；另一方面，各县（市）、区都在接轨上海，各自制定自己的接轨方案、任务，各县（市）、区之间缺乏协调，各自为政，甚至互相竞争，难以形成整体合力。二是市级政府推进力度大，职能部门和企事业单位协同跟进不足、全社会的接轨氛围不够，没有形成全方位、多层次的全面接轨格局，一定程度上影响了接轨成效。三是对接轨上海的政策与战略研究不够深入、细致，导致接轨政策落实不到位。因此，推进集成式对接改革，在政策、机制上切实做到与上海的协同性接轨，是嘉兴全面接轨上海同城化发展的核心课题之一。

### （四）以行政推动常态化方式主动对接上海

嘉兴在新时期以更精准的策略、更强大的推力来助推对接上海的"首位战略"，以行政推动常态化的方式来强化主动对接上海。具体而言，一是要优化完善交流互访、定期会商等合作共建机制，优化考核考评体系，把区域合作、产业协同等内容纳入职能部门考核，积极探索建立利益分配、利益共享机制。二是要推动各职能部门、县（市）政府持续、深入学习和研究上海及周边城市的重大发展战略、行动举措和制度安排等，并以此为参照，不断优化自身营商环境和政策体系，建立与上海及周边城市同等或更优的市场准入、产权交易、招商引资、外贸出口、技术研发、人才引进等政策体系。三是要打破行政区域界限，创新政府管理体制，推进交通、住房、教育、医疗、文化娱乐、卫生、就业、治安、社保等资源和制度的互通和同城化、均等化，如交通一卡通、社保一卡通、企业资格与人才认定同城化、医疗费异地报销、异地高考、异地养老、异地住房保障等，以促进生产要素自由流动和产业协同。

# 二、发展格局

嘉兴与上海同城化发展新格局聚焦三个方面。包括：精准定位城市功能，重塑嘉兴与上海城市关系；增强中心城市引领与调控能力，重塑市域发展空间格局；聚焦长三角南翼城市群，优化区域发展空间格局。

## （一）精准定位城市功能，重塑嘉兴与上海城市关系

嘉兴与上海建立更加紧密的同城化发展关系，要以协同发展的理念、红船精神为引领，以"双城视角"为契机，以上海的"痛点"为切入点，实现"对接上海""融入上海""服务上海""同城化发展"的战略差异与转换。一是要深入研究上海卓越全球城市建设、长三角区域一体化国家战略中的战略举措和战略需求，对标上海"五大中心"建设要求，切实做到研究上海、学习上海、对接上海、服务上海，与上海"共享长板"，为上海建设好生态屏障、开放通道、产业腹地、生息之处，获得上海市民的认同，并在这一过程中寻找机会。二是要摒除"远亲不如近邻""以邻为壑"的惯性思维，上海及周边城市创新发展步伐很快，嘉兴要有大合作、大竞争的危机意识和变革精神。以上海为坐标，各级各部门从自身职能出发，深挖与上海在市场规则、政府办事规则、政府服务效率、产业配套和人居环境等方面的差距，学习上海先进的、国际化的政策、规则和理念，激发微观经济主体的内生动力，让市场主体之间主动对接；同时紧盯周边地区接轨上海的新动态和创新性举措，认真分析研究嘉兴的现实瓶颈和障碍，加大自我变革力度，努力营造更加良好的发展环境。力争使嘉兴成为上

海创新政策率先接轨地、上海科创资源重点辐射地、浙沪同城化交通体系枢纽地、浙沪公共服务融合共享地、"大湾区"城市群建设关键地和上海都市圈重要节点功能城市。

**（二）增强中心城市引领与调控能力，重塑市域发展空间格局**

一是加快基础设施建设，筑好融沪连杭城市架构。接轨上海的先行要素是建立便捷的综合交通网络体系，也是嘉兴打造网络型城市的重要支撑。强化顶层设计，把嘉兴交通接轨纳入上海近邻城市同城化发展三年行动计划，全面打造公、铁、水等多种交通方式接轨上海的示范地，深化嘉兴港、独山港等与上海的合作，借鉴昆山青浦工作机制打通省际"断头路"；大力推进嘉兴至松江城际轨道、沪嘉通勤列车，研究沪杭复线（低速磁悬浮）方案。重视嘉兴高铁南站枢纽打造，定位集铁路、城际轨道和公路于一体的沪杭苏甬交通走廊换乘中心，强化高铁南站枢纽地位和辐射能力，加快联通市本级和五县市快速通道，提高出行便利化程度。实质性启动嘉兴市本级高架环线工程，着力构建内外互通开放的城市格局。

二是加大平台整合，做好要素集聚示范引领。改变现行考核办法，实行规模化、专业化招商，每个县（市、区）只保留1—2个重大产业平台并出台操作办法，对存量闲置厂房业主自行招租项目严格把关；要素资源优先向大平台倾斜，加快推进张江长三角科技城平湖园、中新嘉善现代产业园、乌镇·西岸互联网产业园、嘉兴科技城等园区建设，着力打造接轨上海产业大平台；推进开发区合作水平提标提档，确定一批接轨上海重点合作平台和重点合作单位；加快推进嘉兴综保区作为上海自贸试验区的协作区建设，深化沪浙核电产业共享区、上海漕河泾新兴技术开发区海宁分区、浙沪新材料产业园等园区共建共享。三是加快管理创新，提高行政效能。

**（三）聚焦长三角南翼城市群，优化区域发展空间格局**

实行多圈层对外合作行动。加速与上海之间的同城化对接，紧抓上海进博会、自贸试验区临港新片区国家战略性开放新机遇，主动嵌入"一带一路"建设和长江经济带全方位开放格局；聚焦长三角南翼城市群、沪宁合杭甬城市发展带，发挥自身综合实力强和现代制造产业优势，在沪、苏、杭三大都市圈交汇格局中找到自身联结契机；精准联结合肥、宁波等外围城市，形成多中心化、大尺度的区域合作与开放空间；增强对嘉善、平湖、桐乡、海宁等县级市的协调和协同能力，形成全市域、多中心的对内对外开放和同城化合作战略格局。

# 三、创新平台

当前嘉兴内源性的科技创新能力仍然不强，与上海、苏州、杭州等先进城市之间仍然存在很大差距，在"G60科创走廊"中也居于较为滞后的位置。同时，无论是从创新主体和创新要素的汇集程度看，或是从科技创新的投入规模和投入强度看，嘉兴都不具有比较优势，因此，在短时期内难以单独依靠内源性创新能力的培育与发展来提升城市科技创新实力，而必须探寻开放式创新战略路径，谋求与上海、杭州、南京、苏州、宁波、合肥等近邻城市重要科创城市的战略合作与协同创新。

### （一）加快融入 G60 科创走廊建设

对标上海全球科创中心建设，加快融入 G60 科创走廊建设。依托嘉兴科技城、秀洲国家级高新技术产业开发区、秀洲上海交大科技园、张江平湖科技园等平台，探索"泛孵化器"模式，与上海科研机构、高校等共建科技成果转化基地。充分利用和完善现有的院地合作长效工作机制，鼓励嘉兴企业与中科院驻沪科研院所、在沪高等院校合作共建创新载体，着力推进与大院名校的深度合作。

### （二）跨区域共建多层次产业创新平台

积极走出去，主动与杭州、南京、苏州、宁波、合肥等城市政府合作，探索跨区域共建多层次产业创新平台，与周边城市共建一批共享设备的"云上实验室""飞地"孵化器、重点企业研究院和企业技术中心等，通过政策创新、服务创新、平台创新等营造创新氛围，加快创新链和产业链融合，建立起"研发在外、生产在嘉兴；孵化在外，转化在嘉兴；前台在外，后台在嘉兴"的分工协作模式。

### （三）优化提升创新环境

充分发挥政府部门在产业导向、协调资源配置及创新服务等方面的支撑性作用，不断优化、提升创新环境。在充分发挥企业创新主体作用的基础上，将搭建协同创新平台纳入区域协同创新的体系中，有计划、分步骤、分行业、分领域地将部分技术创新的基础和重心向企业逐步移转；在创新平台上搭建各种形式的产学研模式，鼓励并支持核心企业通过与科研机构、高等院校所共建实验室、共建研发机构，技术协同攻关，形成多形式多方面的纵向协同模式，提升企业创新能力，推动 R&D 成果产业化。

# 四、总体策略

智慧专业化宗旨是提倡形成具有互补性的专业化分工格局。"智慧性"体现在两个方面：一是把研究和创新与经济发展以新颖方式联系起来；二是在政策执行过程中始终关注外界情况，使区域认清本地资本和能力在与外界知识源和价值链联结时所能实现的效益。对于嘉兴而言，一是加强产业平台整合与建设，二是率先布局新基建与上海的协同与对接。

## （一）加强产业平台整合与建设

嘉兴缺乏在长三角具有影响力的接轨载体和平台，包括先进制造业接轨平台、现代服务业接轨平台和科技资源集聚接轨平台。现有工业园区内产业关联度低，产业协作不紧密，产品同质化竞争严重，除张江、漕河泾等合作园区起步较早外，其他合作园区大多仅停留在框架合作或缔结友好合作协议的阶段。2019 年，嘉兴已经出台平台整合的相关要求和相关政策，提出要建设一批"万亩千亿"大平台的目标，下一步要在做大平台规模、做强平台能级上下功夫，争取有更多的国家级开发区获批。二是要联合上海打造一批重点产业平台，根据嘉兴产业的发展定位再进一步寻求与上海、苏州等合作共建更多的产业平台。三是要加快上海近邻城市同城化示范区嘉善板块的建设，使示范区率先成为上海高端产业协同发展地、上海科技资源重点辐射地、嘉兴产业高质量发展示范地。

## （二）率先布局新基建与上海的协同与对接

发挥乌镇国际互联网大会的品牌效应和资源汇聚能力，发挥长三角·平湖润泽国际信息港项目的示范效应，抓住新基建"窗口期"战略机遇，率先布局新基建和上海的协同与对接，把嘉兴打造成为一个开放式、多业态、超融合的新一代数据中心算力高地，5G 及人工智能高端应用产业高地和长三角数字经济创新创业高地。

# 第三节　沪嘉同城化行动方案

嘉兴全面接轨上海同城化发展，需要找准融入的切入口和重点领域，合理规划战略步骤和推进时序，敢于率先、高起点、针对性地制定一批精准性的战略政策，谋划部署一批市级层面的重大战略性项目，以确保嘉兴在长三角区域一体化国家战略中的突出地位与独特功能。

## 一、产业联动

重点打造嘉兴优势产业创新集群、建设同城化交通服务体系及推动 5G 与人工智能的深度融合发展。

### （一）打造优势产业的创新集群

根据嘉兴新制造"555"行动规划，重点培育世界级现代纺织、国家级新能源、长三角区域级化工新材料和省级汽车制造、智能家居 5 个先进制造业产业集群，实施培育先进制造业集群行动计划，建设一批传统制造业转型升级示范区。同时，培育集成电路、人工智能、氢能源、航空航天、生命健康 5 个新兴产业，实施培育战略性新兴产业行动计划，建设一批战略性新兴产业示范区和未来产业先导区。依据国际经验，嘉兴创新集群发展采取"自上而下"和"自下而上"相结合的方式。在前期准备中，主要采取"自上而下"的方针，保证社会各方面资源的充分调动和支持力度，但不直接干预集群主体之间的合作，始终保持集群运行的自主性。在后期运行中，引入"自下而上"的竞争机制，集群在获得政府资金支持的同时，也需要自筹等额的配套资金，以促进集群中的各种主体形成更紧密的合作关系，从而保障创新集群和可持续发展。

推进嘉兴产业联动发展的主要措施为：第一，推进信息资源互联共享机制。探索建立跨行政区域、跨部门的政府数据资源统筹管理制度，实现对数据资源采集、传输、存储、共享和开放的规范管理。深入推进地理位置类、市场监管类、民生服务类等政务公共数据资源开放应用。第二，统一企业登记标准。一体化示范区内企业登记在政策条件、程序方式和服务措施等方面执行统一的标准规范。开展统一的企业开办服务试点示范。建设企业开办全程网上服务平台。开展"一照多址"改革试点，加快企业名称登记制度改革。在一体化示范区内注册企业可自由选择注册地名称。统一跨区域迁移的登记注册条件和程序，建立一体化示范区内企业自由迁移服务机制。对落户一体化示范区的企业，在企业经营许可、各类资质认定等方面建立统一标准、实施统一便利化服务。第三，推行人才资质互认共享机制。在一体化示范区推行专业技术人员职业资格、继续教育证书、外国人工作许可证跨区域同行业认证、人力资源市场服务人员资质互认等互认互准制度。探索建立统一的人才评价体系。打破户籍、身份、学历、人事关系等制约，促进人才合理流动。制定实施符合一体化示范区发展需求的特殊人才政策，赋予一体化示范区统筹使用各类编制资源的自主权和更大用人自主权。

## （二）建设同城化交通服务体系

一是建议支持嘉兴成为上海虹桥国际开放枢纽的重要组成部分。按照长三角一体化国家规划纲要的要求，加强一体化发展示范区、沪嘉毗邻区域的战略对接。嘉兴成为虹桥国际开放枢纽"南向拓展带"的重要组成部分，根据"南带"的定位打造国际文旅特色商务区、数字贸易创新发展区、海河空铁联运新平台，嘉兴在综合交通上具有一定的先发优势，能够有效助力虹桥国际开放枢纽建设。

二是规划建设沪乍杭高铁、沪嘉城际、沪平城际等多个接轨上海近邻城市同城化标志性项目，构建"米字型"铁路网，打造轨道上的嘉兴。建议将嘉兴规划项目纳入国家及示范区综合交通专项规划，特别要将嘉兴与上海衔接的轨道交通项目列入《长三角地区多层次轨道交通体系规划》。

三是规划建设嘉兴国家物流枢纽。整合嘉兴现代物流园、嘉兴机场、铁路物流基地等区块，着力构建"一心五区"园区总体空间布局。其中："一心"指嘉兴现代物流园，"五区"指高端物流集聚区、航空物流功能区、铁路物流功能区、商务服务功能区和综合配套功能区。将着力打造物流功能突出、存量资源基础较好、运营业务协同、设施平台衔接的"空铁水公"多式联运综合物流枢纽。建议支持嘉兴国家物流枢纽列入国家综合运输枢纽规划。

### （三）推动 5G 与人工智能的融合

嘉兴依托上海发展 5G 与人工智能融合的先导产业，抢占战略新兴产业新机遇。当前，5G、人工智能在通信领域的应用仍处于起步阶段，要将人工智能技术与 5G 网络、5G 业务、5G 终端深度结合，实现网络智能化和运营智慧化，鼓励电信运营商充分利用 5G、人工智能技术发展机遇和研究成果，为垂直行业注入新动力，助力垂直行业的转型升级。

一是要打造融合发展创新生态体系。支持嘉兴电信运营商与上海人工智能服务企业合作设立"5G + AI 联合实验室""5G + AI 边缘计算联合实验室"等创新载体，重点开展 5G 与人工智能融合应用的关键技术研发与场景应用。鼓励上海人工智能技术服务商、电信设备商、智能装备制造商、智能产品生产、互联网企业、研究机构等主体在嘉兴落地组建跨行业的创新联盟，协同开展应用技术研发、标准制定、应用测试、应用推广等活动，共筑融合发展创新生态体系。

二是要发展适应 5G 环境的智能产品。嘉兴在装备制造等领域具备较好的产业基础，在 5G 时代到来之时，要鼓励企业积极开发适应5G 环境的智能产品。比如鼓励企业将 5G 控制模块嵌入到传统智能机器人、医疗设备等智能装备中；鼓励汽车企业开展 5G 环境下的无人驾驶系统开发和应用测试；鼓励 VR/AR 企业开发适应 5G 大数据量、低时延要求的新型产品。

三是要加快建设 5G 环境下的智能应用。结合嘉兴的特色优势，加快在智能港口、工业互联网、车联网、智慧城市等领域部署一批5G 环境下的智能应用场景，以需求为引领，不断完善人工智能技术，优化相关解决方案，形成 5G 与人工智能融合应用的良好氛围。

## 二、创新合作

构建嘉兴与上海联动的区域创新共同体，重点搭建创新发展的平台、打造区域发展的新引擎、引育高层次人才团队。

### （一）搭建创新发展的平台

嘉兴高水平搭建创新发展平台，促进高科技成果转化。一是建设成果转化综合服务平台。借鉴国际经验，建议嘉兴主动对接上海高校、科研院所的科技成果资源，建设"科技成果库"，搭建同城化科技成果转化综合服务平台，促进成果资源扩容提质。二是大力引建科技创新载体。进一步加强与中科院上海分院、复旦大学、上海工程技术大学、上海大学等在沪高校院所对接交流，合作共建各类创新载体，集聚高端创新资源。三是优化科技金融服务平台。同时，建议嘉兴深化与上海科技金融领域领先企业合作，围绕科技金融产品创新、科技金融政策制定、重点企业服务等方面扩展合作范围。继续推进市科技金融服务平台的全覆盖，支持银行设立科技金融专营机构，扩大对科技型中小企业的服务范围和信贷规模。

### （二）打造区域发展新引擎

高标准建设 G60 科创走廊，打造区域发展新引擎。通过 G60 科创走廊建设，联合 G60 科创走廊沿线城市共同举办合作交流活动，将科创走廊的技术、人才、资本等要素与嘉兴产业有效衔接，推动创新链与产业链融合发展。具体而言：一是加快建设科创大平台。加快推进湘家荡科技城、秀洲天鹅湖未来科学城、祥符荡科创绿谷、海宁鹃湖国际科技城、乌镇大道科创集聚区等重要节点平台建设，着力打造若干具有引领作用的标志性科创平台。二是推动科技资源的共建共享。协同推动科技创新券在 G60 科创走廊九城市推广应用，盘活利用沪、杭、苏等地高校院所和企业的科研仪器设备资源，推动科研仪器设备面向社会开放。三是强化企业技术创新主体地位。积极参与推进在长三角 G60 科创走廊率先实践国家高新技术企业双向互认机制，推动落实一批激励企业研发的普惠型政策，加大科技小巨人企业培育力度。参与建立长三角 G60 科创走廊国家级科技企业孵化器联盟。

## （三）引育高层次人才团队

高质量引育科技人才团队，集聚创新发展新动能。一是打造"人才飞地"域外孵化品牌。布局和设立一批域外孵化器，同时不断提质升级现有域外孵化器，扩容承载能力，提升带土移植的成效；加快形成以人才为核心，"研发在域外，转化在嘉兴"的创新发展模式。二是加强长三角全球科创路演中心建设。搭建长三角全球科创路演中心投融资平台，实现基本功能上线使用，完成部分项目及投资机构入库，并定期开展项目进度跟踪及服务对接工作。建设长三角全球科创路演中心专家智库，对项目的质量、内容、商业模式进行整体的把控、引导及优化。鼓励、支持中心牵头组建"长三角路演中心联盟"。三是举办高端科技人才活动。依托中国电子科技集团、清华长三院、清华校友会等资源，举办各类高端科技人才活动，为国内外创业人才搭建与资本、市场、产业对接的桥梁，促成高端科技人才和高科技项目落户嘉兴市。

# 三、飞地经济

积极落实嘉兴全市融入长三角首位战略，全面推进与上海在产业、科技、平台、公共服务及城市管理等领域的合作对接。

## （一）建设双向飞地

深度融入上海高端产业链，继续深化嘉兴经开区与浦东软件园在新一代信息技术领域的合作；加强与上海临港在高端装备制造领域合作，与嘉定汽车城、金桥开发区在汽车产业领域开展合作，与青浦工业园在电子信息、纺织服装等领域开展合作；积极对接张江科学城创新策源地，承接集成电路、生物医药、人工智能等科技创新成果转移转化，打造张江科技产业"飞地"。同时，以嘉兴高铁南站枢纽为核心，推动高端商务、会展、交通功能深度融合，打造代表浙江高度、比肩上海虹桥、对接国际门户的"融沪新区"，加快发展现代化服务业。

## （二）引进优质公共服务资源

积极引进上海优质公共服务资源，加强职业教育合作办学，引进优质基础教育资源，率先探索集团化办学、联合办学等方式，引进上海三甲医院建设同城化院区，加强基层医疗机构全科医学合作试点，率先探索区域分级诊疗模式。借鉴上海重大制度创新，对接"上海政策"与"上海规则"，复制推广上海全创改政策和自贸试验区制度创新，争取服务业外资扩大开放、创新创业普惠税制、高新技术企业认定政策、海外人才永久居留等政策在嘉兴经济开发区落地。

# 第七章
# 沪苏同城化

改革开放以来，苏州迅速崛起的一大关键，就是准确定位、借势上海，实现错位发展。无论是乡镇企业发展过程中的"星期天工程师"，还是对接浦东开发开放，毗邻上海的苏州很早就迈出了对接上海的步伐。长三角一体化发展上升为国家战略之后，苏州更加积极主动地对接和呼应上海卓越的全球城市和具有世界影响力的社会主义现代化国际大都市建设，率先探索和推进沪苏同城化。

## 第一节　沪苏同城化的基础

沪苏同城化条件优越，上海与苏州拥有相近的历史渊源、便利的交通设施、难得的战略机遇。

## 一、历史渊源

自改革开放以来，苏州经济的转型可以概括为从"苏南模式"到

"苏州模式"再到创新型经济三个阶段，各阶段的发展特点见表7-1。在这个过程中，苏州也从"长三角工厂"成长为"世界工厂"，再到长三角重要创新中心。回顾苏州改革开放以来的发展，经济一直处于转型之中，同时也在与上海的互融互通中实现产业互补、空间布局互联、科技创新互动、体制机制改革互促，推动自身不断发展。

表7-1　改革开放以来苏州的经济发展阶段与特征

| 阶　段 | 时　间 | 发展特点 |
|---|---|---|
| 苏南模式（乡镇企业） | 20世纪80年代至90年代中期 | 利用集体资本办企业，乡镇政府积极参与办企业，允许先富并追求集体富裕 |
| 苏州模式（开放型经济） | 20世纪90年代至21世纪初 | 建立了新区和园区两大招商引资基地，外资成为经济发展的主要动力 |
| 发展方式转型（创新型经济） | 21世纪10年代以来 | 积极调整经济发展方式，鼓励民营经济的发展，推动服务业升级，加强自主创新能力的培养 |

资料来源：作者整理。

## （一）苏南模式与"上海星期天工程师"

"苏南模式"是费孝通先生于1983年首次提出，现通常指苏南的苏州、无锡、常州通过发展乡镇企业实现非农化的发展方式。苏州从20世纪80年代开始，以典型的苏南模式推动着经济发展和城镇化过程。随着乡镇企业数量增多和规模扩大，苏州整体经济得到迅速发展。到1990年，苏州GDP在全国城市的排行已由1978年的第15名升到第6名，工业总产值在长三角也仅次于上海，当时的苏州可以说是长三角甚至全国的工厂，为世界工厂奠定了基础。早在改革开放前，苏州的社队企业就已经有萌芽发展的趋势，随着1978年开始的

改革开放，农村家庭联产承包责任制释放了大量劳动力，这为苏州的
乡镇企业发展提供了劳动要素。乡镇经济门类很多，但在初期，由于
受到兴办主体的认知水平等限制，都是一些小打小闹办工业。但由于
当时的短缺经济，工业产品有卖方市场的支撑，奠定了苏州农村发展
的基础。另外，集体所有的这种组织形式有利于资本的快速积累，令
苏州的乡镇企业实现了飞跃。随着规模的扩大和接受上海地区技术等
方面的辅助，苏州乡镇企业的规模日益扩大，数量逐渐增加。以苏南
的数据为例，到 1990 年，苏南农村工业企业数增至 33813 家，职工
数达到 279.57 万人，总产值 734.77 亿元，发放职工工资 40.42 亿元，
实现利税 25.11 亿元，固定资产原值 197.11 亿元。另外，苏南地区
中苏州的发展又是最亮眼的。从图 7-1 和图 7-2 可以看出，苏州经济
发展速度在苏南地区又是最快的，到 1988 年，苏州的工业总产值和
GDP 都超过了无锡，高于长三角其他主要城市，如南京、杭州、合
肥和宁波。可以说，在乡镇企业的推进下，苏州工业发展迅速，已展
示出"世界工厂"的潜力。

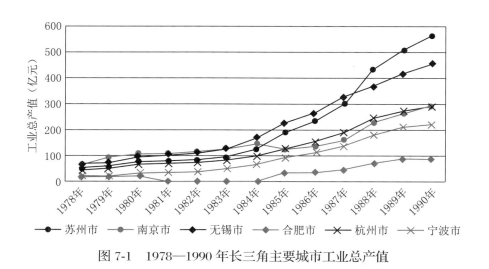

图 7-1　1978—1990 年长三角主要城市工业总产值

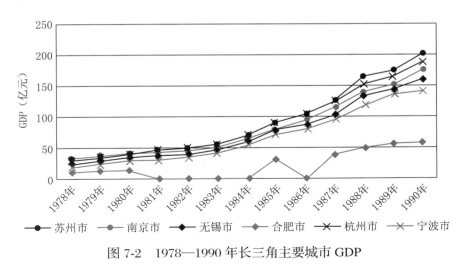

图 7-2　1978—1990 年长三角主要城市 GDP

数据来源：中国经济社会大数据研究平台（https://www.data.cnki.net），2022 年 8 月 30 日。

## （二）苏州模式与浦东开发开放

从 20 世纪 80 年代末开始，苏州的开放型经济已经有所萌芽，当时利用外资、对外贸易有所起步。到了 20 世纪 90 年代初，苏州借着浦东开发开放的东风，掀起了以招商引资为主要手段的开放型经济发展高潮，新区与园区的建立与发展使开放型经济成为苏州经济的特点。在该阶段，苏州也由"长三角工厂"快速成长为"世界工厂"。20 世纪 90 年代的苏州，外向经济迅速发展。在 1992—1994 三年中，苏州共批准三资企业 6000 多家，合同外资高达 136 亿美元；到 1994 年年底，苏州乡镇举办的三资企业已占到乡镇企业总数的 39%，占全市三资企业总数的 73.7%，合同利用外资 79 亿美元，占到全市合同利用外资的 67.4%；1995 年后，苏州的开发区成为外商投资特别是跨国公司投资的重点地区、集中地区。截至 1999 年上半年，苏州全市累计吸收合同外资已达到 280 多亿美元，实际到位外资超过 150 亿美元，利用外资总量在全国各城市中位居第二位，仅次于上海。[1]

进入 21 世纪后，苏州经济的外向程度进一步加深。到 2010 年，苏州实际利用外资约占全省的三成和全国的 8%，进出口总额约占全省的六成和全国的 9%。图 7-3 和图 7-4 分别反映了苏州与长三角几大城市（南京、杭州、无锡、宁波和上海）的进出口总额和实际利用

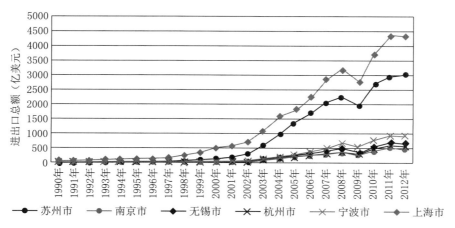

图 7-3　1990—2012 年长三角主要城市进出口总额变化情况

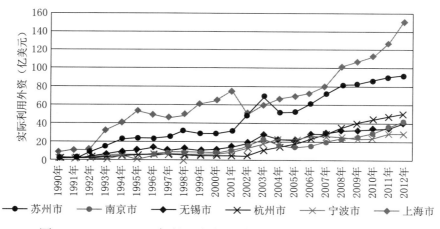

图 7-4　1990—2012 年长三角主要城市实际利用外资变化情况

数据来源：中国经济社会大数据研究平台（https://www.data.cnki.net），2022 年 8 月 30 日。

---

[1]　李雪根：《新世纪苏州经济发展战略的选择》，《集团经济研究》1999 年第 8 期。

外资的情况。从这两张图上可以看出，苏州进出口总额和实际利用外资增长迅速，除上海外，优于其他城市。到 2012 年，苏州进出口总额远高于宁杭锡甬四城之和，其实际利用外资也基本上与宁杭锡甬四城之和持平。

### （三）新苏州模式与区域协同创新

进入 21 世纪以来，针对乡镇企业和开放型经济带来的一系列问题，苏州积极调整经济增长方式，坚持把创新驱动发展作为城市的核心战略。2006 年，苏州市发布了《关于增强自主创新能力建设创新型城市的决定》，通过认识自主创新的重要性、明确增强自主创新能力的阶段性目标、完善区域创新体系、抓住自主创新关键领域等一系列措施，努力将苏州打造成创新型城市。2010 年 3 月，苏州市召开加快推进转型升级大会，会议明确了今后一个时期，苏州要建设科学发展的样板区、开放创新的先行区及以现代经济为特征的高端产业城市。2023 年 5 月召开的苏州发展大会经济发展论坛，强调要坚决服务于长三角一体化和区域协调发展，始终把发展的着力点放在实体经济上，支持龙头企业牵头组建创新联合体、建设孵化器，加快打通创新链产业链资金链人才链，全力打造更具竞争力的产业创新集群。

## 二、交通设施

近年来，随着长三角高铁、高速路网的日益发达，沪苏之间已基本实现交通同城化。交通联系网络的不断完善，使得两地间的"小时或数小时交通圈"规划目标得以实现，由此而产生的及时运输服务和物流管理不仅改变了制造业和流通领域的经营方式，提高了经济效率，而且对产业结构及分布、城市结构和规模、城市—区域经济联系具有决定性意义。

1996年正式通车的沪宁高速公路是我国修建的第8条高速公路，目前年通车次超过1.3亿辆，它是南京，甚至是中国北部、中西部进入长江三角洲的关键干线。苏州市机场路现为苏州东环路通至甪直的快速干道，这条路直通上海虹桥机场。它一方面提高了苏州城市商务航旅的便捷度，另一方面也强化了苏州与上海之间的空间联系。2020年11月，连通上海市青浦区和苏州市吴江区的康力大道——东航路（现全线更名为元荡路）正式通车。该项目是长三角生态绿色一体化发展示范区挂牌以来，沪苏两地团结协作、共同建成的第一个跨省域道路互联互通项目，为长三角甚至更大范围内同类项目推进提供了示范。

铁路方面，沪苏两地之间每天单向有近200班次高铁（动车），最短通行时间仅20分钟，高峰期发车密度达到每4分钟一班，已能较好保障两地居民的通勤需求。与此同时，沪苏湖铁路、通苏嘉甬铁路、如通苏湖城际铁路等也正在紧锣密鼓推进中，铁路交通一体化持续助推沪苏同城驶入"快车道"。沪苏之间交通网的不断修建和完善，支撑起沪苏城市间的经济社会联系，并在后续发展中逐渐累积形成"近邻"发展优势。

水运方面，沪苏两地开展资本合作，成立太仓港上港正和集装箱码头有限公司，委托上海港运营太仓港区集装箱四期码头，合作建设海通汽车滚装码头。开展"太仓快航""太申快航"等集装箱航线合作。成立上海港太仓服务中心形成线上线下协同联动服务机制。打造

"沪太通"货物进出口通关模式，并实现太仓港上海港的电子数据对接。此外，两地还开展了内河集装箱运输合作，共建内河集装箱中心。

## 三、战略机遇

2019年12月1日，在中共中央、国务院印发《长江三角洲区域一体化发展规划纲要》（下简称《规划纲要》），提出了多项直接、间接涉及苏州发展的要求或项目，充分显示了苏州在长三角一体化发展中的重要地位和作用。《规划纲要》共提出项目120项，苏州涉及18项（表7-2），项目数量在长三角41个城市中位列第3，仅次于上海、杭州。《规划纲要》还提出了22项上海与其他城市的合作项目，其中苏州涉及8项，是与上海合作项目最多的城市，项目数量占总数的近三分之一。沪苏合作项目涉及都市圈建设、港航合作、跨区域交通建设等多个方面，充分反映了苏州和上海的紧密联系。

《规划纲要》在宏观区域协同发展项目中，要求苏州进一步促进与上海的深度合作、联动发展，共建上海大都市圈。涉及的5个项目包括近邻区域跨省合作协调发展项目"虹桥—昆山—相城省际毗邻区域开展深度合作"与上海西南地区对接；"嘉定—昆山—太仓省际毗邻区域开展深度合作"对接上海西北地区，优化省际毗邻区域协同发展的先发优势，深化科创、交通、会展等方面的联动；"推动上海与近沪区域及苏锡常都市圈联动发展，构建上海大都市圈"等。苏州作为上海大都市圈重要组成城市，要求苏州把握住上海实现更大发展后的溢出效应，打造与上海互利互惠的"姊妹城"，推动跨区域产城融合发展。

**表7-2 《长三角区域一体化发展规划纲要》中苏州承担的项目列表**

| 序号 | 项 目 内 容 | 参与类型 |
|---|---|---|
| 1 | 苏州工业园区构建开放型经济新体制综合试点试验等制度创新成果的集成落实 | 独立 |
| 2 | 加快上海、南京、杭州、合肥、宁波、**苏州**、无锡、义乌跨境电子商务综合试验区建设，合力打造全球数字贸易高地 | 独立 |
| 3 | **苏州（太仓）港**建设上海港远洋集装箱运输的喂给港，发展近洋航线集装箱运输 | 独立 |
| 4 | 推动高校联合发展，加强与国际知名高校合作办学，打造……**昆山杜克大学**等一批国际合作教育样板区 | 独立 |
| 5 | 加快建设中韩（盐城）产业园、中意宁波生态园、中德（合肥）合作智慧产业园及**太仓**、芜湖、嘉兴等中德中小企业合作区 | 独立 |
| 6 | **中新苏滁**现代产业合作园 | 主导 |
| 7 | 加快南京、杭州、合肥、**苏锡常**、宁波都市圈建设，提升都市圈同城化水平 | 主导 |
| 8 | 推动上海与近沪区域及**苏锡常**都市圈联动发展，构建上海大都市圈 | 主导 |
| 9 | 以上海青浦、**江苏吴江**、浙江嘉善为长三角生态绿色一体化发展示范区（面积约2300平方公里），示范引领长三角地区更高质量一体化发展 | 主导 |
| 10 | 推广上海临港、**苏州工业园区**合作开发管理模式，提升合作园区开发建设和管理水平 | 主导 |
| 11 | 以上海市，江苏省南京、无锡、常州、**苏州**、南通……27个城市为中心区（面积22.5万平方公里），辐射带动长三角地区高质量发展 | 合作 |
| 12 | 持续有序推进**G60科创走廊**建设，打造科技和制度创新双轮驱动、产业和城市一体化发展的先行先试走廊 | 合作 |
| 13 | 虹桥—**昆山**—相城省际毗邻区域开展深度合作 | 合作 |
| 14 | 嘉定—**昆山**—太仓省际毗邻区域开展深度合作 | 合作 |
| 15 | **沪苏湖**规划项目开工建设 | 合作 |
| 16 | **苏通**第二、崇海等过江通道和东海二桥、沪舟甬等跨海通道 | 合作 |
| 17 | 通**苏嘉甬**规划项目开工建设 | 合作 |
| 18 | 提升上海虹桥商务区服务功能，引领江苏**苏州**、浙江嘉兴一体化发展，构建更大范围区域一体的创新链和产业链 | 合作 |

资料来源：中共中央、国务院印发的《长三角区域一体化发展规划纲要》，2019年12月。

# 第二节　沪苏同城化的规划与行动

　　苏州积极融入以上海为龙头的长三角一体化发展，全力抓好一体化示范区、虹桥国际开放枢纽北向拓展带、G60 科创走廊等建设。依托上海国际化高端平台对接国际合作资源，用好进博会平台，加强对接、深化合作，进一步扩大苏州参与度和影响力，吸引集聚更多高端资源要素，打造更具竞争力的开放高地。苏州在体制机制创新、科技创新协同合作、重大规划对接、产业互补等方面积极谋划，努力打造"四区一中心"，做好主动接轨上海、融入上海这篇大文章。

## 一、体制机制

　　在体制机制方面，行政区划调整、先行示范区推进办成立、医疗联合体共建、人大工作合作交流机制探索等联合行动，有效促进了沪苏同城化进程。

### （一）吴江市撤县设区，苏州城区直接与上海接壤

　　2012 年 9 月 1 日，经国务院、江苏省政府批复同意，苏州市宣布部分行政区调整方案，撤销县级吴江市，设立苏州市吴江区，以原县级吴江市行政区域为吴江区的行政区域。同时，撤销苏州市沧浪区、平江区、金阊区，设立苏州市姑苏区，以原沧浪区、平江区、金阊区的行政区域为姑苏区的行政区域。区划调整之后，苏州中心城区面积由原来的1718 平方公里，一跃扩大至 2910 平方公里，几乎达到无锡、常州两市城区面积之和。苏州城区各项社会发展指标占全市比重大幅提高，城市

首位度和辐射带动能力更加凸显。吴江市撤县设区进一步优化了苏州市区行政区划结构，便于城市总体规划实施。同时，区划调整后苏州城区可以直接与上海市接壤，苏州可在更大范围内调整优化产业结构，充分发挥区位优势，增强苏州中心城市的集聚和辐射功能，进一步提升苏州在接轨上海、促进长三角一体化发展中的地位和作用。

**（二）安亭、花桥共建长三角一体化发展先行示范区推进办公室成立**

2018年3月28日，花桥与安亭共同签署"双城共建"战略合作框架协议，成立了"双城共建"领导小组，围绕城市生态共建、产业发展共兴、社会发展共治、党群阵地共育开展对接合作。6月1日，两地在"双城共建"的基础上，联合成立安亭花桥共建长三角一体化发展先行示范区推进办公室，分别选派干部正式合署办公。在此背景下，跨区域公交325路开通，跨区域、跨部门的社会治理联动机制也探索形成。安亭和花桥"双城共建"战略合作协议的签订和共建长三角一体化发展先行示范区推进办公室的成立有效促进了"双城"的对接发展，为全面互联互通注入新动力。

**（三）沪苏两地医院共建医疗联合体**

在医疗合作方面，苏州各区市与上海复旦大学、同济大学等所属相关医院均有不同程度的专科业务协同发展合作，在共享长三角医疗资源上实现互通、互动、互补。2019年1月，苏沪两地共建的"复旦大学附属中山医院长三角合作医院"正式揭牌。"长三角合作医院"以苏州相城人民医院为基础，与复旦大学附属中山医院在医疗技术、医院管理、人才培养等方面展开深入合作，相城区政府主要在财政投入、人才招聘培养和配套政策等方面为医院共建提供支持，中山医院则主要负责医疗管理水平、诊疗服务等技术支持，充分发挥其在国内医疗界的领先地位作用，共同努力将合作医院打造成为具有一流诊疗水平的三级综合医院，为区域居民提供优质、便捷的医疗服务。此外，苏州还积极推进医疗卫生数据共享，吴江区五家二级以上医院均加入长三角一体化远程会诊平台并成功运行。

### （四）苏州相城携手上海闵行探索人大工作合作交流机制

2020 年 10 月，苏州市相城区人大常委会与上海市闵行区人大常委会签署合作交流协议。根据协议，两地人大常委会将在多个领域共同商定重点议题，开展联合调研、联动监督，包括科技金融、产业升级、民生服务、生态环保、乡村振兴、文化旅游、垃圾分类等。同时，依托上海虹桥苏州（相城）数字经济创新产业园等载体，共同助推长三角会商旅文体示范区联动平台苏州（相城）中心、国际人才服务中心苏州（相城）中心等协同创新平台载体建设。此外，两地人大常委会将建立常态化沟通协商、课题研究交流、代表互动和干部交流等一系列机制来保障和推动协议落实。

## 二、发展战略

通过推进交通互联互通、毗邻区联动协同发展、一网通办、一证通用、生态环保合作等行动，推动沪苏同城化深化发展。

### （一）加大与上海的交通互联，打造现代综合交通运输体系

近年来，上海与苏州两地就打造现代综合交通运输体系进行了多次对接交流，对苏锡常城际对接嘉闵线、苏淀沪高速、沪宜高速苏沪

省界段等重大项目进行了深入探讨，并形成了较为一致的意见。未来，沪苏间将形成 3 个方向多通道轨道交通格局。两地构建多层次轨道交通对接体系，有利于实现区域共赢，更好为沪苏同城化、上海都市圈及长三角一体化提供有力支撑。

推进"丰"字形快速铁路网建设，提升苏州在长三角地区的铁路枢纽地位。根据苏州市交通运输"十四五"发展规划，苏州将加快完善"丰"字形国铁干线铁路主骨架，新增路网 670 公里，增强南北通道能力，提升苏州与主要城市群中心城市的高效联通水平；规划建设"环 + 放射"城际和市域铁路网 436 公里，提升苏州主城区面向市域及周边地区的多向辐射能力。此外，《苏州市城市轨道交通线网规划（2035）》提出新增一条城际铁路，即南部水乡线，作为世界级南部水乡古镇带的重要载体，串联吴江境内特色古镇节点，并预留对接上海虹桥枢纽的条件。

加强与上海的道路对接。根据《长三角地区一体化发展三年行动计划（2018—2020 年）》，苏州与上海之间共有 7 条省际"断头路"列入实施改造计划。2018 年 10 月 1 日，昆山锦淀公路对接上海崧泽大道建成通车，这是首个实现通车的长三角一体化"打通省界断头路"项目。截至 2020 年 6 月，已建成通车项目 3 个，分别为锦淀公路对接崧泽大道工程、岳鹿公路对接城北路工程和太仓岳鹿公路对接上海嘉定城北路。苏州已建成待上海建成项目 1 个，正在建设项目 1 个，推进前期工作项目 3 个，分别为外青松公路对接外青松公路工程、沿沪大道对接胜利路工程和沪宜高速（S16 公路）。

建设首条与上海轨道交通线网对接线路。2019 年 2 月，苏州轨道交通 S1 线正式开始实质性施工。S1 线是苏州首条市域轨道交通线路，也是首条与上海轨道交通线网对接的线路。S1 线路西起园区唯亭站，途经苏州工业园区，终点设于花桥站，与上海轨道交通 11 号线衔接，预计于 2023 年 12 月开通运营。建成后的苏州轨道交通 S1 线，不仅是昆山市东西向公共交通走廊，还将苏州和上海两地的轨道交通网络无缝对接，成为苏昆沪三地重要交通联络通道，同时完善苏州轨道交通 S1 线 60 分钟经济圈，促进交通、产业、空间一体化布局。

**（二）推进与上海毗邻区域联动协同发展**

2018 年 5 月 21 日，苏州市与上海市嘉定区签订《嘉昆太协同创新核心圈战略合作框架协议》，该协议全面加强了苏州与嘉定区在科技创新、产业升级、城市建设、公共服务、文化繁荣、生态保护、社会治理等方面的交流与合作，有助于将嘉昆太协同创新核心圈打造成为长三角一体化协同创新发展的先行示范区（见表 7-3）。

表 7-3　《嘉昆太协同创新核心圈战略合作框架协议》主要合作内容

| 序号 | 领域 | 具 体 计 划 |
|---|---|---|
| 1 | 科技 | 举办嘉昆太科技博览会；建立嘉昆太科技创新共享机制 |
| 2 | 产业 | 启动编制嘉昆太产业发展规划；建立嘉昆太产业链创新联盟；设立嘉昆太科创产业园；建立嘉昆太企业诚信圈建设机制；启动道路对接建设工程 |
| 3 | 教育 | 建立职业教育联动机制；建立人才培育联动机制 |
| 4 | 医疗 | 联合推动健康服务业发展 |
| 5 | 旅游 | 打造嘉昆太精品文化旅游；共建浏河生态走廊工作机制 |
| 6 | 治安 | 建立"长安"嘉昆太联动机制；建立"智慧公安"协同机制 |
| 7 | 党建 | 建立区域化党建工作机制 |

资料来源：作者整理。

2018 年 6 月 6 日，苏州市与上海市青浦区签订《区域联动发展全面战略合作框架协议》，推进青浦区与昆山市、吴江区在规划布局、设施建设、产业发展、公共服务、社会治理和生态环境等方面的战略协作。该协议明确两地以规划为引领，以基础设施建设为突破，以产业合作为基础，以创新社会治理为重点，以共守生态安全为前提，促进区域的联动、协同、错位、共赢发展，加快形成开放型、一体化发展格局。上海青浦与苏州将在"六个一体化"方面开展共计63项合作对接，包括规划布局合作5项、设施建设合作17项、产业发展合作11项、公共服务合作9项、社会治理合作12项、生态环境合作9项（表7-4）。该

表7-4 《区域联动发展全面战略合作框架协议》项目一览表

| 序号 | 项 目 | 具 体 计 划 |
|---|---|---|
| 1 | 规划布局 | 开展跨区域经济社会发展战略协同研究，加强青浦与昆山、吴江规划对接，聚焦环淀山湖战略协同区、"安亭—白鹤—花桥"城镇圈协同发展 |
| 2 | 产业发展 | 围绕优势产业开展协同合作，加强昆山开发区、昆山高新区，青浦工业园区、西虹桥商务区，吴江开发区、汾湖高新区等产业园区合作共建，共建面向长三角的应用技术研究与产业化中心。研究联合举办淀山湖旅游峰会，打造近淀山湖地区古镇文化圈，推进江南水乡古镇联合申遗 |
| 3 | 设施建设 | 青浦和苏州的区省对接道路19条，和昆山的对接道路15条，和吴江的对接道路4条。其中，1条道路年内竣工，4条道路年内开工 |
| 4 | 公共服务 | 积极探索跨省市、跨区域校际师资联合培养，推进医保卡互通刷卡结算和医保监管合作，联合打造区域体育活动品牌，举办环淀山湖马拉松及水上运动等品牌赛事 |
| 5 | 生态环境 | 开展淀山湖、太浦河、吴淞江联合整治，施行跨区域垃圾转移及环境污染联合执法 |
| 6 | 社会治理 | 建立社会治理联动机制，推行交通卡口警务合作、刑侦案件联合侦办、人口信息互联管理、烟花爆竹和危化品联合安全管控、市场监管部门联合执法、劳动保障联合监察等举措 |

协议的签订进一步促进和推动了沪苏对接融合和长三角一体化进程。

## （三）打造一网通办与一证通用的"苏州服务"

苏州是江苏省参与长三角"一网通办"的唯一一个试点城市。2019年4月，苏州开通了市、区两级"1＋10"长三角"一网通办"综合服务窗口，即在江苏政务服务网开通了长三角"一网通办"专栏，同时，在市本级和10个板块的政务服务中心开设了长三角"一网通办"专窗。首批开通的51个事项中，包括内资有限公司、个人独资企业及外商投资公司的设立、变更、注销等30项企业服务事项，以及跨省异地就医登记备案相关手续、社保咨询和参保情况查询打印、城镇职工基本养老保险转移接续、敬老卡申领及发放、婚姻登记档案查询等21项个人服务项目。苏州还同步梳理了居住证办理、帮停车、公共自行车骑行等11个具有苏州特色的首批无感"换乘"漫游事项。

## （四）上海和苏州在生态环境保护领域开展全方位合作

2020年10月30日，在苏州与上海生态环境管理局交流座谈会上，上海市生态环境局与苏州市生态环境局签订了《生态环境保护战略合作框架协议》，同时，上海市嘉定区生态环境局与江苏省太仓市生态环境局签署了《嘉太两地跨界国省考断面水质提升合作框架协议》。根据战略合作协议，沪苏两地将共同推进大气污染联防联控、交界断面水质提升、固废污染防治联动、生态环境协同监管及治理体系和治理能力现代化等重点任务。两份协议的签订标志着沪苏生态环境保护进入全方位合作的新阶段，为实现生态环境共建、共保、共享、共赢奠定了坚实基础。

# 三、产业协同

沪苏两地立足自身禀赋、形成优势互补，以引进先进装备制造业、战略性新兴产业为重点，抓住机遇大力发展 4 大先导产业，优化重大产业布局规划，不断推进沪苏产业协同发展。

## （一）以引进战略性新兴产业为重点

近几年，苏州充分发挥临沪优势，以引进先进装备制造业、战略性新兴产业为重点，主要涉及新一代电子信息、智能制造、高端装备制造、新能源、新材料、医疗健康等。表 7-5 整理了 2018—2023 年主要苏沪推介会及签约情况。其中，2018 年 6 月 23 日，在苏州相城（上海）科技金融投资推介会上，62 个产业、基金和平台载体项目现场签约，总投资 542 亿元，分别涉及新一代电子信息、高端装备制造、智能制造、医疗健康、新材料、数字经济等新兴产业。2019 年，相城在上海举办了 15 场面向全球的招商推介与投融资对接活动。2019 年 3 月 2 日，在苏州相城黄埭高新区片区（上海虹桥）投资推介会上，现场签约 18 个项目，包括纳米新材料及自动化设备产业化、结构力学性能测试及分析平台、综合能源系统开发运用、高精度影像测量仪开发应用、智能药盒、大数据及自动化设备等。2020 年，虽然受到疫情影响，但在 2020 年 4 月 22 日至 6 月 17 日，不到 2 个月的时间里，相城区签下近百个项目，投资金额超 250 亿。2019 年 6 月 29 日，苏州吴江在上海举办投资说明会上，共有 35 个项目签约，项目总投资达 242.5 亿元，涉及高温超导、产业基金、智慧城市等多个领域。这些项目的签约，将进一步加强与上海重点产业平台的对接合作，引导更多的科技孵化平台与吴江相关科技园区的对接，推动上海的孵化项目落户吴江。2020 年 9 月 4 日，在苏州高新区融入长三角一体化发展（上海）投资推介会上，签约 22 项目，总投资达到 382 亿元，项目涉及医疗器械、5G 通信、人工智能、集成电路等生产制造领域及高端服务业领域。此外，高新区还为长三角北斗 + 5G 智能网联创新研究院、绿色技术银行（苏州）可持续发展创新中心正式揭牌。高新区与普华永道、三井住友银行等 18 家合作机构签约。2021 年 6 月 23 日，苏州望亭（上海）投资推介会在上海虹桥成功举办，加强望亭镇融入大上海，助力打造成为长三角一二三产业高质量融合发展示范区。2022 年 11 月 8 日，苏州昆山融入长三角一体化合作发展推介会上，昆山发布元宇宙产业创新发展行动计划和支持产业创新集群建设若干政策，一批沪昆合作、城市更新和文旅消费项目签约落地。2023 年 4 月 27 日，苏州文旅推介招商会在上海国展中心苏作馆举办，13 个重点文旅投资项目现场签约，苏沪两地文化旅游资源进一步整合。

表 7-5　2018—2023 年主要苏沪推介会及签约情况

| 时　间 | 主　题 | 签约项目数（个） | 主要涉及领域 |
|---|---|---|---|
| 2018.6.23 | 苏州相城（上海）科技金融投资推介会 | 62 | 新一代电子信息、高端装备制造、智能制造、医疗健康、新材料等新兴产业 |
| 2018.6.29 | 苏州吴江区投资说明会 | 35 | 先进制造业、金融、新能源、新材料、生物医药、现代物流、半导体等 |
| 2019.2.19 | 苏州相城阳澄生态新区（上海虹桥）投资推介会 | 19 | 工业互联网、医疗健康、环保研发、科技金融等多个新兴产业领域 |

（续表）

| 时 间 | 主 题 | 签约项目数（个） | 主要涉及领域 |
|---|---|---|---|
| 2019.2.23 | 苏州相城元和高新区"融入长三角·沪动新相城"系列推介活动 | 11 | 科技研发、创新平台、产业基金项目 |
| 2019.3.2 | 苏州相城黄埭高新区片区（上海虹桥）投资推介会 | 18 | 纳米新材料及自动化设备产业化、智能药盒、大数据及自动化设备等 |
| 2019.3.6 | 苏州相城漕湖开发区（上海虹桥）推介会 | 22 | 物联网、大数据、人工智能、5G通讯、虚拟现实、自动化控制等领域 |
| 2019.5.8 | 苏州相城人工智能专场活动 | 18 | 大数据、人工智能、生物医药、新能源等多个新兴领域 |
| 2019.6.21 | 虹桥—相城产业联动创新推介 | 51 | 新一代电子信息、高端装备制造、智能制造、医疗健康、科技金融、文化创意等新兴产业 |
| 2019.9.26 | 昆山巴城高质量发展上海推介会 | 15 | 新能源、新材料、人工智能、高新技术产业及现代旅游服务业等领域 |
| 2019.10.15 | 沪太协同发展推介会 | 48 | 航空产业、新能源、文化旅游等多个行业 |
| 2019.11.12 | 昆山旅游（上海）合作发展推介会 | 15 | 文化旅游产业 |
| 2019.12.11 | 昆山融入上海合作发展推介会 | 52 | 大数据、现代旅游服务、科技金融等多个领域 |
| 2019.12.12 | 苏州相城阳澄生态新区（上海）国际协同创新推介会 | 9 | 智能科技、电子信息、环保技术、文化教育等多个产业领域 |
| 2020.5.14 | 江苏省相城高新区（上海）投资推介会 | — | 智能制造、科技金融、生物医药、商业商贸等产业领域 |
| 2020.6.8 | 苏州相城阳澄国际生态新区渭塘镇（上海）投资推介会 | 17 | 智联汽车零部件、生态材料、智能家电等多个领域 |

（续表）

| 时　间 | 主　题 | 签约项目数（个） | 主要涉及领域 |
|---|---|---|---|
| 2020.5.28 | 苏州相城阳澄国际生态新区太平街道（上海）招商推介会 | 12 | 环保科技、智能制造、文化创意等多个领域 |
| 2020.5.22 | 阳澄湖先进材料与智能制造产业（上海）投资环境推介会 | 12 | 新材料、智能制造、平台总部经济等多个领域 |
| 2020.5.24 | 苏州相城（上海虹桥）文旅投资推介会 | 23 | 文化旅游产业 |
| 2020.9.5 | 苏州高新区融入长三角一体化发展（上海）投资推介会 | 22 | 医疗器械、5G通信、人工智能、集成电路等生产制造领域及高端服务业领域 |
| 2020.6.17 | 苏州望亭智能制造产业上海投资环境推介会 | 10 | 智能制造、生物医药、精密加工等多个新兴产业领域 |
| 2020.10.30 | 昆山花桥新经济产业招商推介会 | 56 | 21个新经济产业项目、10家招商合作机构、10家投资金融机构集中签约 |
| 2021.6.23 | 苏州望亭（上海）投资推介会 | 10 | 工业、服务业、文旅和人才科技等类别 |
| 2021.9.27 | 苏州市吴中区上海文旅推介会 | — | 吴中初秋旅游产品 |
| 2022.11.8 | 苏州昆山融入长三角一体化合作发展推介会 | 20 | 产业科创、文旅消费、城市更新等领域 |
| 2023.3.24 | 吴江春季旅游（上海）推介会 | — | 春季特色旅游产品 |
| 2023.4.27 | 苏州文旅推介招商会 | 13 | 文旅投资项目 |

资料来源：作者整理。

## （二）优化重大产业规划布局

苏州先后与上海虹桥国际中央商务区、嘉定区、松江区、青浦区签署了"嘉昆太"协同创新核心圈、G60科创走廊战略合作、环淀山湖战略协同区一体化发展等一系列战略合作协议，不断深化与上海的产业对接。2018年5月21日，苏州市与上海嘉定区签订《"嘉昆太"协同创新核心圈战略合作框架协议》，在产业方面，启动编制嘉昆太产业发展规划。该发展规划对标《长江三角洲城市群发展规划》《长三角一体化发展三年行动计划》等顶层设计，打破区域思维局限，合理规划布局三地产业。建立嘉昆太产业链创新联盟。嘉定、昆山和太仓三地错位发展、分工协作，合力打造世界级汽车产业中心；联合建设产业技术研究院、工程技术研究中心等协同创新平台，联合创建一批科技企业孵化器等科技成果转化基地等；大力支持嘉昆太产业链创新联盟承担重大科技成果转化项目等。2018年6月6日，苏州市与上海市青浦区签订《区域联动发展全面战略合作框架协议》，在产业发展一体化合作方面，将围绕优势产业开展协同合作，形成区域间产业合理布局和上下游联动机制，共同打造万亿级产业集群和若干长三角产业联盟。加强昆山开发区、昆山高新区，青浦工业园区、西虹桥商务区，吴江开发区、汾湖高新区等产业园区合作共建，共建面向长三角的应用技术研究与产业化中心。研究联合举办淀山湖旅游峰会，打造近淀山湖地区古镇文化圈，推进江南水乡古镇联合申遗。

## （三）大力发展四大先导产业

苏州市充分利用长三角一体化、自贸试验区等国家战略在苏州叠加实施的重大历史机遇，大力发展新一代信息技术、生物医药、纳米技术应用、人工智能4大先导产业，加速制造业高端化、国际化进程，建设新型显示、生物医药和新型医疗器械、光通信、高端装备等10个千亿级先进制造业集群，积极争创国家级先进制造业集群。在体制机制创新方面，苏州市围绕重点产业链，建立市领导挂帅产业链"链长"机制，全面贯彻落实"有限目标、重点突破，分批推进、全面布局"的基本原则，以推动重点产业链高质量发展。其中，重点打造生物药、医疗器械、光通信、软件、集成电路、智能网联汽车、机器人、高端纺织、钢铁新材料、智能设备制造等 10 条产业链，建立健全"八个一"工作模式。

苏州已成为全国重要的基础石化、医疗器械、集成电路、汽车及零部件生产基地，也是全球八大纳米产业集聚区之一。根据《2022 年苏州市国民经济和社会发展统计公报》，2022 年，苏州市实现高技术制造业产值 15735.5 亿元，比上年增长 7.5%，占规模以上工业总产值的比重达 36.1%，比上年提高 2.1 个百分点。电子信息、装备制造、生物医药、先进材料 4 大产业创新集群产值比上年增长 4.6%。规模以上新兴服务业营业收入比上年增长 18.2%。纳米新材料、生物医药及高端医疗器械、高端纺织列入国家先进制造业集群。全市数字经济核心产业增加值占 GDP 比重达 15.8%，规模以上工业企业智能化改造和数字化转型覆盖面达 92.9%。

## 四、合作创新

通过加速科创资源共享、推动高端人才集聚、支持重大科技创新载体建设，沪苏两地通过合作创新推动同城化发展迈上新台阶。

### （一）加速推动上海和苏州科创资源共享与协同发展

上海和苏州的科技资源共享合作开始于 2015 年。2018 年末，两地签署了《上海苏州科技资源开放共享与协同发展行动计划》，更大力度地推动两地科技创新资源的互融互通，真正实现两地在科技领域的"政策互通、平台协同、资源扩充"。作为该行动计划的关键一步，上海·苏州科技资源开放共享与协同发展服务平台于 2018 年 12 月 14 日正式启动，平台导入上海研发公共服务平台和苏州研发资源共享服务平台的全部资源，共计约 1700 余家服务机构、2 万余台 / 套仪器设备。平台还首次新增与仪器设备使用相关的延伸服务，如产品检测方案制定、检测数据分析等。这是长三角首个两地共建的科技资源共享平台，标志着长三角区域创新共同体建设有了实质性进展。上海和苏州积极推动两地成为国内首个跨区域科技资源共享政策通认通用计划发布区域和长三角科技资源协作示范区和实质发起单位，共同推进与长三角其他城市实施科技资源的互联互通，大力促进长三角区域创新共同体建设。两地企业能更好地利用科技创新资源，两地科研设施机构能更充分地释放服务潜能，进而为深入实施创新驱动发展战略作出积极而有效的贡献。

## （二）集聚高端人才并接轨国际标准

2019 年昆山融入上海合作发展推介会上，昆山发布了人才科创新政。经认定为"头雁人才"和"头雁团队"，给予个人最高 2000 万元、团队最高 1 亿元项目资助；经认定为昆山"双创"人才和"双创"团队，给予个人最高 300 万元、团队最高 1000 万元项目资助。国家级科研平台部分迁入昆山或在昆山建设分中心，连续三年每年给予最高 1 亿元的运营经费支持。昆山打造像"足球经纪人"一样的金牌技术经纪人，对技术经纪人、机构促成技术合作、成果转化，给予最高 100 万元补贴。此外，2020 年苏州"开放再出发"大会，参照粤港澳大湾区、上海临港片区的制度创新，提出凡是在先导产业、前沿科技领域作出突出贡献的高端人才，凡是自贸试验区苏州片区急需的人才，年薪高于 40 万元的，按照个人薪酬 5% ～ 20% 给予奖励，每年最高不超过 40 万元。全面接轨国际人才评价标准，对取得国际职业资格证书的人才，比照认定或享受相应等级待遇。

### （三）推动多元创新要素集聚融合

苏州不但引进人才，而且非常重视大院大所。近年来，苏州累计吸引超过 130 家科研院所、研发机构、技术中心进驻苏州。与上海的科研院所合作方面，2018 年 6 月，"国家技术转移东部中心昆山分中心"揭牌，实现了昆山企业与上海科技服务机构无缝对接。2019 年12 月，昆山市政府与中国科学院上海高等研究院（张江实验室）达成超算中心服务合作协议。此外，中科院硅酸盐上海研究所苏州研究院、同济大学太仓高新技术研究院、中科院上海技物所苏州研究院等一批"大院大所"相继建成投用，促成工研院牵头联合三一环境、上海大学共建生物质成套装备（昆山）联合研发中心。

苏州以开放推动创新发展，提升苏州的科技创新策源功能。重磅推出"3＋3"鼓励政策，3 年内滚动遴选 1000 家创新型企业，参照国家高企所得税政策给予 3 年奖励；自贸试验区苏州片区内符合相关条件、发展态势良好的企业奖励期再延长 3 年。对研发费用连续大幅增长的企业，给予增长额 6% 的奖励。全力支持重大科技创新载体建设，对引进诺贝尔奖实验室、重大研发机构、多学科交叉创新平台，"一事一议"重点支持。具备重大原始创新能力和成果转化能力的创新团队，可获得 5000 万元支持，新型研发机构建设可获 1000 万元支持。

# 第三节　沪苏同城化先行示范区

吴江与上海是沪苏同城化先行的示范区，吴江与上海同城化发展具有重大意义，且拥有扎实的同城化合作基础，先天优势明显，需要进一步聚焦未来同城化发展战略重点，并采取切实行动予以推进。

## 一、基础与优势

### （一）吴江发展基础好

2022 年，吴江区实现地区生产总值 2331.97 亿元，在全国综合实力百强区中排名第 8 位。从生产效率看，人均地区生产总值达 148855 元，达到世界高收入国家水平；从人口流动情况看，吴江户籍人口 90.77 万，常住人口 156.66 万，常住外来人口与户籍人口之比高达 0.73，体现出吴江对外来人口的吸引力强；从财税能力看，2022 年完成一般公共预算收入 226.03 亿元，其中税收收入 183.10 亿元，税收收入占一般公共预算收入比重高达 81.0%，体现出吴江产业经济对地方财政具有强有力的支撑作用。这些都体现出吴江发展基础好、经济实力强、区域引力大的综合发展优势。

### （二）核心优势突出

吴江具有三大突出核心优势：（1）有强大竞争力的制造产业集群。吴江拥有丝绸纺织、电子信息、装备制造、光电通信等四大主导产业集群，其中，丝绸纺织迈入千亿级水平，电子信息、装备制造接近千亿级行列。拥有国家级开发区吴江经济技术开发区（以下简称"吴江开发区"）、省级高新区汾湖高新技术产业开发区（以下简称"汾湖高新区"）和省级高新区吴江高新技术产业园区（筹）（以下简称"吴江高新区"），以及1个千亿级市场（中国东方丝绸市场），为产业集群发展培育提供了良好平台。随着京东方、英诺赛科等重大产业项目引入，有望形成一批具有竞争力的新兴产业集群。（2）强盛的民营经济发展活力。吴江是苏南模式的典型代表，是江苏民营经济的"领头羊"，民营企业总数超7万家，注册资本突破4千亿元，对经济增长的贡献超过60%。拥有一批具有竞争力的头部龙头企业，恒力集团、盛虹集团分别位列世界500强第107位和第455位，亨通、通鼎等入选中国企业500强，永鼎等入选中国民营企业500强，累计境内外上市公司20家、新三板挂牌企业54家。民营经济的活力、头部企业的实力，将成为吴江未来产业转型发展的有力支撑。（3）江南文化和生态人文优势。吴江生态环境优美、湖荡资源丰富，区内河汊纵横交错、湖泊星罗棋布，素有"百湖之城"美誉。吴江文化底蕴深厚，水乡绸市、中国江村、江南古镇等文化品牌元素源远流长，拥有退思园、大运河等世界历史文化遗产和同里宣卷、芦墟山歌、七都木偶昆曲等众多非遗资源，富集的生态文化资源使吴江发展"好风景中的新经济"充满了想象空间。

### （三）发展潜在动能初现

#### 1. 智造先发优势

吴江智能工业转型升级起步早，已累计培育105家智能制造示范企业、502 家试点企业、带动超 5000 家行动企业，获评江苏省智能示范车间 124 个，位居全省首位，初步形成了智能制造全国领先、全球有名的先发优势。在《2019 世界智能制造中心城市潜力榜》中苏州位列全球第 8 位，其中吴江是苏州智能制造产业的主要承载区。

### 2. 创新潜力优势

吴江具有较好创新基础，在 2023 年"中国创新百强区"榜单中名列全国第 12 位，高居长三角地区第三。吴江累计建成国家、省、市三级企业技术中心 300 多家（其中国家级企业技术中心 11 家），拥有江苏省首个国家级制造业创新中心——国家先进功能纤维中心，集聚清华大学苏州汽研院、江苏省产研院有机光电所等一批新型研发机构。沪苏湖和通苏嘉甬十字共站的苏州南站高铁枢纽，将进一步强化人才、技术、信息等创新要素的汇聚整合，提升吴江在长三角创新网络中的枢纽节点功能。

## 二、发展需求

### （一）产业能级偏低

从人均地区生产总值看，2022 年，吴江区人均地区生产总值为 148855 元，虽远高于全国或江苏省平均水平，但远低于昆山（237080 元）、张家港（229270 元）、太仓（197100 元）等兄弟县市，也低于常熟（164520 元）；从企业盈利能力看，2022 年，吴江规模以上企业利润占规模以上企业总产值的比重低于兄弟县市常熟，更远低于上海嘉定和青浦。这一方面，体现出吴江产业经济效率偏低，另一方面，体现出吴江企业规模总体偏小、盈利能力不强的特征。因此，借力上海全球城市资源溢出与辐射效应，提升产业能级、促进经济提质增效，是吴江未来发展中的首要问题。

收入水平是体现地区产业经济创新与增值能力的重要指标。从农村居民收入水平看，2022年，吴江农村居民人均收入43511元，略低于昆山、常熟、张家港、太仓等县市；城镇居民人均可支配收入79315元，低于张家港（80511元）、昆山（80138元）、常熟（80054元），这体现出吴江产业经济的创新和增值能力较周边区域明显偏弱。这不单表现在第二产业上，第三产业发展也面临同样困境。以旅游业为例，2022年，吴江接待旅游人口1802.41万人次，旅游总收入163.93亿元，旅游总收入在邻近区域中吴江仅低于昆山（169.64亿元），但旅游人口的人均消费额为909.5元，低于张家港、太仓和昆山。因此，迫切须要主动对接融入上海，充分借力上海在科技创新、高端商务、都市旅游、商业模式等领域的引领优势，激活吴江经济社会创新潜能，增强产业经济创新与增值能力。

## （二）多中心分散化发展

近年来随着吴江开发区、东太湖度假区和汾湖高新区（黎里镇）不断崛起，吴江区域城乡建设品质不断提升，区域经济空间结构不断优化，但传统"苏南模式"下形成的以乡镇经济为基础的分散化发展格局仍未根本转变。无论是地区生产总值、常住人口或是规模以上企业都仍然具有较强的多中心分布特征，吴江开发区、东太湖度假区（太湖新城）等核心区域的人口、经济集聚度还不高，区域增长极核效应不明显；作为"示范区先行启动区"的黎里镇与吴江开发区、东太湖度假区之间的经济关联和互为支撑格局也还没有很好建立；南部盛泽、七都、桃源、震泽、平望等各镇整体面临着较大的转型升级压力。因此，吴江必须立足苏州都市区化、上海大都市圈规划、长三角区域一体化等发展背景，精准定位吴江的区域地位，加快推进空间功能整合和重构。

## （三）高水平建设现代化新吴江的新需要

吴江发展基础好，综合实力强，有强大的现代制造产业集群和强盛的民营经济发展活力，但同时应当认识到吴江产业能级偏低、经济质量效益不高、多中心分散化发展等现实难题。2022 年，吴江区人均地区生产总值为 148855 元，虽远高于全国或江苏省平均水平，但远低于昆山（237080 元）、张家港（229270 元）、太仓（197100 元）等兄弟县市，也低于常熟（164520 元）；2022 年，吴江农村居民人均收入 43511 元，略低于昆山、常熟、张家港、太仓等县市；城镇居民人均可支配收入 79315 元，低于张家港（80511 元）、昆山（80138 元）、常熟（80054 元）；2022 年，吴江规模以上企业利润占规模以上企业总产值的比重低于兄弟县市常熟，更远低于上海嘉定和青浦；2022 年，吴江接待旅游人口 1802.41 万人次，旅游总收入 163.93 亿元，旅游总收入在邻近区域中吴江仅低于昆山（169.64 亿元），但旅游人口的人均消费额为 909.5 元，低于张家港、太仓和昆山。这些都体现出吴江产业经济的创新和增值能力较周边区域明显偏弱。这不单表现在第二产业上，第三产业发展也面临同样困境。因此，迫切需要充分借力上海在科技创新、双向开放、高端商务、都市旅游等领域的引领优势，激活吴江经济社会创新潜能，增强产业经济创新与增值能力。

# 三、战略焦点

根据吴江区"十四五"规划纲要，到 2025 年，要全面推进社会主义现代化建设，逐步实现沪苏产业协同互补、合作共赢、融通发展，深度融入上海国家科创中心建设体系，基本实现沪苏同城化，建成上海大都市圈内强劲活跃增长极；到 2035 年，成为上海"五型经济"发展的最优协同区、向世界展示中国"最江南"文化的重要窗口、世界级水乡人居文明典范，建成全国高质量发展的标杆区、"强富美高"的社会主义现代化强区。针对上述规划目标，吴江率先对接上海需要着力解决一系列焦点问题：

## （一）打造"创新湖区"

打造"创新湖区"既是吴江未来发展战略定位，也是吴江区域经济提质增效、高质量发展的根本要求。因此，在对接融入上海战略中，吴江首先须要考虑的是，一方面，要聚焦长三角生态绿色一体化示范区战略布局，积极参与蓝色创新珠链建设，与上海青浦、嘉兴嘉善合力建设知识创新型总部集聚区，打造长三角世界级城市群的"创新绿核"，率先集聚标志性创新项目和功能性创新平台；另一方面，要大力实施开放式创新战略，与上海及周边其他城市共同构建创新共同体，协同提升产业创新能力。

## （二）建设"美丽南苏州"

吴江位于苏州中心城市的外缘，作为"苏南模式"的样板和典范，在较长一个时期里一直是相对独立的县域（市）经济发展模式。

2012 年吴江改区以来，吴江逐步融入苏州都市区，成为苏州南部新发展活力区和增长极，但传统"苏南模式"下形成的以乡镇经济为基础的分散化发展格局仍未根本转变。新时期吴江必须进一步优化和重塑区域空间结构和空间功能，实现从传统县（市）经济和城镇功能向现代化新城区的嬗变。因此，吴江对接融入上海，一方面，要充分学习借鉴上海国际化、现代化的发展理念、发展思路和制度规则，推动吴江向现代化新城区跨越；另一方面，要主动对接融入上海卓越全球城市、"五个中心"建设，在苏州和上海两大都市区"同城化"发展格局中，去谋划和重塑吴江城市空间结构和空间功能。

## （三）构建吴江发展新格局

进一步开放是吴江从"苏南模式"、"苏州模式"走向"新苏南模式"，不断提升发展能级，拓展开放式创新路径，走向国际化、现代化新城区的关键举措之一。主动对接上海浦东、临港新片区、虹桥国际商务区，推动吴江更大程度、更高水平对外对内开放，构建新发展格局，是吴江对接融入上海的核心要义。一方面需要加强与上海临港新片区、虹桥国际商务区等高水平开放区域的对接与合作，争取合作共建吴江协同开放区；另一方面学习上海开放经验和政策举措，争取江苏省、苏州市支持，获取更加自由、便利的对内、对外开放政策，构建更加自由的区域要素流动制度。

## （四）共建美丽生态湖泊群

吴江素称"百湖之城"，湖荡水网密集，湖泊总面积约 240 平方公里，有 56 个湖泊被列入江苏省湖泊保护名录，占江苏省 137 个湖泊的近 4 成。打造美丽生态湖泊群既是推进长三角生态绿色一体化示范区生态联保共治的重要要求，更是吴江未来发展中构建独特水乡生态、人文优势的重要举措。创新区域生态共治的体制机制，探索更加符合区域实际的生态补偿与奖惩机制，重点围绕元荡、淀山湖的生态联治和协同开发，加快推进与上海市、青浦区共建区域美丽生态湖泊群，增强吴江发展的水乡生态底色。

### （五）打造世界级人居水乡

吴江自然环境特色突出，乡村人居环境格局保存较好，未来有条件成为江南水乡环境最典型的地区，也是塑造示范区传统文化魅力的重点区域。从未来发展趋势看，吴江将以生产制造为主的发展模式，转向以生产服务为主的发展模式。向现代服务业的产业转型主要是以高层次人才为支撑，需要为人才提供良好的生活环境和公共服务。主动对接融入上海，创新区域公共服务共享机制，通过强化教育、医疗、健康等领域的协作与共享，提升吴江公共服务质量和水平，为吴江打造世界级人居水乡提供重要支撑。

## 四、战略举措

### （一）精准对接上海城市发展战略与规划

着眼于上海城市规模—功能借用，精准对接上海城市发展战略与规划。"十四五"时期，上海将加快建设具有世界影响力的社会主义现代化国际大都市。吴江要深入研究上海"十四五"时期乃至 2035 年城市发展目标和发展战略，要推动与上海各类规划有机衔接，尤其是要对标上海"双翼齐飞"、打造新时代改革开放标志性区域的空间发展战略，加强吴江与青浦、虹桥国际商务区、浦东—临港等重要区域板块的战略与规划衔接，率先形成与上海更加紧密的联动关系。

## （二）深化政务改革和政府治理的协同创新

着眼于共建国际一流的营商环境，打造"网购型"服务城市样板。对标上海浦东、普陀"一网通办""一网统管"建设，推动吴江城市治理模式创新、治理方式重塑、治理体系重构，全面提升服务管理质效；紧抓一体化示范区建设契机，争取获得江苏省、苏州市支持，全力争取省级经济管理权限，推进经济社会管理权最大限度向基层放权赋能，构建政务服务最优、社会治理最好的"网购型"服务城市样板。

构建一体化、无落差的市场环境。强化与上海地方标准的协同对接，探索政务服务、市场机制、法制环境、社会信用体系、知识产权体系等领域的一体化、标准化建设，推动同一事项实行跨域无差异受理、同标准办理，构建两地一体化、无落差的市场环境。

## （三）率先推进区域创新共同体建设

### 1. 率先推进上海—吴江创新共同体建设

聚焦"科创＋产业"为引领的"创新湖区"建设，创新性地贯彻和落实《长三角科技创新共同体建设规划》，聚焦吴江特色产业和技术优势领域，构建多层次、多类型的协同创新空间，着力构建开放融合式创新生态，主动融入上海科创中心建设体系。

### 2. 构建跨域"飞地"创新网络

一是创新"飞地经济"发展模式，建立和完善吴江特色园区与上海品牌科技园区合作机制，努力实现两地科技和产业有序转移对接。二是设立吴江创新投资基金，学习借鉴德国史太白基金会成功模式，与上海高校、院所、园区、企业合作建设"离地孵化器"、飞地"技术研发外包中心"和"众创空间"，形成功能完善、紧密联系的跨域创新网络。

### 3. 打造有世界影响力的特色创新产业集群

锚定上海科创策源功能赋能，支持恒力、亨通等龙头企业与上海企业、高校、科研院所组建跨区域、多模式的产业技术创新联盟，合力打好关键核心技术攻坚战，提高创新链整体效能，推动吴江电子信息、光电通信、智能制造、高端纺织等强制造集群向具有世界影响力的特色产业创新集群迈进。

## （四）深度对接上海"两个扇面"开放

### 1. 探索建立上海自贸试验区吴江协作区

对标上海临港片区，加强对自由贸易港政策突破的跟踪和复制。探索建立上海自贸试验区吴江协作区，积极复制推广上海自贸区政策措施，提升跨境服务贸易自由化水平，提高外商投资便利度、开放度。提升吴江综合保税区功能量级，探索吴江综保区扩区并加快发展。

### 2. 深度对接虹桥国际开放枢纽功能

支持上海高水平举办中国国际进口博览会，加强采购协同、推进信息共享，争取引进部分全球和上海高端知名品牌入驻吴江，探索建设跨境电商公共海外仓库，努力建成进博会的主要协办地。率先承接进博会溢出带动效应。

### 3. 推动浦东"双自"联动战略复制到吴江

大力推动与上海自由贸易试验区和上海张江国家自主创新示范区

的联动发展。深度对接上海张江国家自主创新示范区，链接 G60 科
创走廊，整合吴江境内各开发区、高新区、科创园等资源主动对接，
加大对投资管理、贸易监管、金融开放、人才聚集等方面的学习，加
快形成一批重大开放创新举措。

## （五）加速对接上海高端服务经济

苏州应着眼于跨越式提升城市发展能级，承接上海高端现代服务
业辐射效应。无缝衔接"上海服务"品牌行动计划，有效承接上海现
代服务资源和消费市场的外溢，重点发展总部经济、金融服务、科技
服务、专业服务、人力资源服务等新兴服务业，全面提升吴江现代城
市经济服务能级。

### 1. 协力推进数字经济转型

协同实施"新基建重点产业培育工程"，支持亨通、永鼎、通鼎
等龙头企业与上海高校、企业合作，协力培育 5G 数字经济新兴集
群。启动接轨上海先进制造业"互联网＋"行动计划，促进基于数
据的跨区域、分布式生产运营，共同培育一批长三角工业互联网平台
应用示范企业，争创国家级工业互联网平台应用创新体验中心，推动
吴江经济数字化转型。

### 2. 探索建设数字孪生城市

积极对接融入上海，协同建设新型智慧城市，围绕培育新经济、
壮大新消费等需求，以 5G、大数据、物联网、地理信息系统、城市
信息模型等技术为基础，加快推动城市治理终端基础设施智能化改
造，促进基于大数据智能感知的新型智慧城市建设，探索建设数字孪
生城市。

## （六）提升协同与对接成效

　　破解"最后一公里"难题。无论是近期影响和制约吴江发展的5大核心要素领域，还是中长期交通、能源和基础设施共建共享，环境生态的联保共治，公共服务同城化、便捷化，社会治理现代化能力和水平的协同提升，都面临着一个基本性困境——"最后一公里"难题，这导致许多协同与对接战略和政策"看起来很美"但却"没有实效"。因此，吴江对接融入上海的各领域和全过程，都应该重视基层调研，找准问题切入点，破解各领域的"最后一公里"难题，切实提升协同和对接实效。

# 第八章
# 沪苏嘉同城化

"水乡客厅"是践行沪苏嘉同城化发展的重要抓手与重要示范，是指以长三角原点为中心，以上海金泽、江苏黎里（汾湖高新区）、浙江西塘（大舜）、姚庄（丁栅）四镇各一部分所构成，总面积为35.8平方公里的区域。它是由沪苏浙两省一市共同打造的生态绿色一体化高质量发展的核心功能区、江南水乡水生态治理城乡融合发展田园综合体样板、创新引领和高质量发展的城市更新样板区，也是示范区"核心中的核心"，必将成为沪苏浙"不破行政隶属、打破行政边界"、联合建设的生态绿色高质量发展实践地，成为集中展现东方意境、容纳和谐生境、提供游憩佳境、共聚创新环境的"江南韵、小镇味、现代风"的新江南水乡。2023年5月24日，全国首个跨省域的国土空间详细规划《长三角生态绿色一体化发展示范区水乡客厅国土空间详细规划（2021—2035年）》发布，规划范围包括明确了水乡客厅是长三角一体化建设成就可见可现的集中展示区，集中实践和示范城水共生、活力共赢、区域共享的发展理念，是长三角一体化共商、共建、共治、共享、共赢的制度创新试验田。

# 第一节　水乡客厅同城化运营的条件

水乡客厅立足世界眼光、国际标准、中国特色，以"绿色示范、创新引领、基因传承、交通支撑"为发展策略，致力于成为生态绿色高质量发展的实践地、跨界融合创新引领的展示区、世界级水乡人居典范的引领区。水乡客厅打破了邻里竞争、工业化、城市化、规模扩张是推动区域经济发展唯一途径的迷思，为我国乃至世界区域一体化发展提供了新思路和新模式。江南水乡客厅，对于我国乃至世界其他地区践行可持续发展重要理念积累了重要经验，提供了有益的借鉴。未来这一区域将建设多个生产、生活基础设施，最终实现"不是行政意义上的城市，但胜似一座城市"，实现跨区域产居人文生态一体化发展，塑造世界级水乡人居文明典范，助推长三角一体化的高质量发展。

## 一、区位条件优越

水乡客厅位于沪苏浙交界处，是长三角一体化示范区先行启动区中"核心的核心"，是由两省一市共同打造的示范区生态绿色发展功能样板区。优越的地理位置使得三地共商共建成为可能，三地将共同把水乡客厅构造为"一点、一心、三园、三区、三道、多村"的空间结构。"水乡客厅"中的"客厅"二字也揭示了沪苏浙三地共商共建的含义，就像各方一起坐在客厅里，一起共同商讨规划。

具体来看，"一点"寓意一体发展，充分挖掘长三角原点的独特内涵，围绕该地理标志打造一处可感知、可体验、可激发一体化认同的标志性场所；"一心"观照江南意象，三地在此协同打造客厅核心区，聚焦文化交流、成就展示、商务会展等方面建设标志性建筑群，并布局建设多样的创新聚落空间。

"三园"则是指彰显水乡基因，将现代绿色生态理念和技术与历史悠久的传统理水治水智慧文化相融合，打造江南圩田、桑基鱼塘和水乡湿地3个主题展示园。"三区"指集聚创新聚落，依托金泽、汾湖、大舜3个功能区，以存量改造和择址新建相结合的方式，有机嵌入区域级、标志性的创新服务、会务会展、文化创意等功能性项目。据透露，金泽功能区将以通信研发、文化创意为特色，依托西岑科创中心打造研创古镇；汾湖功能区则将以基础研究、孵化中心为特色产业，打造智造蓝湾，着力引进总部企业和龙头企业；大舜功能区的定位则是聚焦数字经济和云服务产业，建设数慧云巷，发展云产业和互联网经济，培育数字产业集群，推出智慧应用，引导数字产业化和城市数字化转型。

与此同时，"三道"指连接水乡风景，通过蓝道、绿道、风景道等水陆交通组织，串联自然地理和人文风景。"多村"指促进乡村振兴，通过功能提升、风貌整治、局部更新等策略，打造科普村、创新村、文旅村，盘活并优化村庄建设用地，营造三生融合的水乡村落。

2022年，水乡客厅将启动建设规划道路18条，金南路—浦港路（青浦至吴江）、汾湖大道—兴善大道（吴江至嘉善）等互联互通项目，持续拉近示范区人们之间的距离。恒力长三角科技创新园、长三角科大亨芯研究院等一批产业项目也将先行启动，为示范区发展注入新动能。

## 二、生态环境优美

水乡客厅是长三角生态绿色示范区贯彻落实习近平生态文明思想的具体行动。基于江南意象、水乡基因、创新聚落、蓝色珠链为总体意象，打造独具韵味的世界级"江南庭院、水乡客厅"，充分彰显人与自然的和谐共生，把生态绿色优势转化为经济社会发展优势；服务于率先实践新技术、新业态、新模式，打造国际一流的人居生态系统。水乡客厅将成为生态绿色高质量发展的实践地，将现代生态技术与传统江南水乡治水、耕种智慧结合，将示范区的生态优势转为经济社会优势。

水乡客厅贯彻习近平总书记新时期生态文明发展理念，坚持以生态优先，绿色发展。生态环境高品质发展是区域一体化生态文明建设的关键。生态环境的管理和运维品质以生态资源和环境保护成效的监测和数据服务一体化管理为基础，构建生态保护红线、环境质量底线、资源利用上线管控核心指标；在区域资源环境科学保护和发展利用的系统观指导下，确定生态环境分层、分等级的标准；结合长三角区域一体化发展国土空间和生态环境专题规划的要求，在现有区域现状科学评估的基础上，分步推进和实施发展目标，为争创跨界融合的社会主义现代化先行水乡人居高质量发展示范区提供良好的生态保障。

水乡客厅充分利用水资源，做好"水文章"，将现代绿色生态理念和技术与历史悠久的传统理水治水智慧文化相融合，在更好地推进一体化示范区水环境保护工作的同时，全面打造江南水乡生态新景观，充分展现了打造黄（文化）蓝（水面）绿（绿化）景观对于实现高质量发展、满足人民对美好生活追求的重要意义。

当前，由沪苏浙三地合力打造，以长三角原点为中心，地跨青吴嘉的《水乡客厅近零碳专项规划》（以下简称《规划》）进入了公示阶段。这是国内首部跨省级行政区域在双碳领域针对重点功能片区编制的实施性专项规划。作为长三角一体化建设成就可见可现的集中展示区，示范区要成为在区域、全国乃至全球具有示范作用的碳达峰碳中和引领区与样板间。

《规划》阐明，水乡客厅近零碳发展是指通过减源、增汇或替代等途径，实现水乡客厅空间边界范围内净碳排放总量动态接近于零的过程，同时引领辐射周边区域和产业链上下游逐步实现一体化协同近零碳发展。《规划》从建筑、交通、生态环境、能源体系和创新产业5个方面做出了详细的设计。《规划》通过集中建设碳中和目标引领下的绿色低碳"江南庭院、水乡客厅"，率先探索"跨域共治、低碳韧性、智慧共赢"的近零碳模式典范，共同打造长三角双碳集中引领区和展示区，尽快在各个重点领域集中彰显示范区绿色低碳技术综合集成应用和制度创新的创新度和集成度。同时，着眼于实施落地，《规划》在总体设计上，坚持整体引领与分类示范双向发力、宏观规划与技术落地双措并举、政府主导与市场引导双轮驱动，从政策、制度、技术等方面充分保障《规划》实施。

基于生态优势，水乡客厅将采取有力措施控制域内化石能源消费，大力发展非化石能源，加快可再生能源发展；大力推行绿色低碳生产方式，优化产业和能源结构；大力推行绿色低碳生活方式，重点发展低碳交通、绿色建筑。推动低碳城镇建设，积极创建低碳域内试点示范街道及乡镇，力争快速成功创建水乡客厅域内首个"零碳社区"。

## 三、文化底蕴优厚

水乡客厅是长三角跨省域的一个公共空间，它的主要功能是以生态绿色为引领，厚植生态优势，传承江南文化基因，嵌入创新策源功能，来实现高质量发展。水乡客厅包括方厅水院、江南圩田、桑基鱼塘、水乡湿地等在内的重点项目建设，即将全面开工，独特的江南文化为水乡客厅一体化运营提供了便利。

鱼米之乡焕发新生。作为水乡客厅的重点项目之一，位于青浦区金泽镇新池村的江南圩田最先进入大众的视野。两岸林秀花繁、俯瞰湖面如镜，粉墙黛瓦的民宅与田沃粮丰的江南圩田隔水相望，以珠串般的小岛、连廊栈道点缀相连。日前，江南圩田样板区已基本建成。水乡客厅的原住民以养鱼、种水稻为生，是典型的"江南鱼米之乡"。希望通过智慧化的手段、现代化的管理，在保护生态环境和生物多样性的基础上，让这里焕发新生。

2022年6月30日，长三角生态绿色一体化发展示范区执委会与青浦、吴江、嘉善共同举行潮涌浦江·示范区先行启动区重点项目开工仪式，水乡客厅蓝环工程、元荡岸线生态修复及功能提升（三期）等10个重点项目全面开工。本次开工建设的10个项目总投资约50.7亿元，主要聚焦生态绿色、互联互通两大领域。作为长三角一体化建设成就可见可现的集中展示区，由沪苏浙三地合力打造的，以长三角原点为中心，地跨青吴嘉的水乡客厅是此次建设的重中之重，包括蓝环、江南圩田展示园一期、桑基鱼塘展示园一期、G318沪青平公路方厅水院段改线工程在内的4个项目均加足马力，大力推进。

水乡客厅蓝环工程。水乡客厅蓝环工程全长约30公里，总投资23.7亿元。此次开工的青浦段和吴江段作为蓝环的北环，总长约19公里，以建设成为"锦绣江南、十里画廊"为目标，聚焦"水安全、水生态、水环境、水景观"，集中展示水乡客厅水生态治理的新成效、一体化制度创新的新成果。蓝环吴江段链接"科创学园"及桑基鱼塘，展示低碳与生态绿色的治水理念，科创文化融合新江南文化和渔桑文化，创造亲水空间。

江南圩田展示园。位于青浦的江南圩田展示园一期面积约190公顷，将通过构建生态净化塘体系，结合化肥农药减施增效和生态灌溉沟渠建设，展示田水联动的农业面源污染生态阻控与治理技术，实景呈现悠久的农耕及圩田文化场景。

桑基鱼塘展示园。位于吴江的桑基鱼塘展示园一期面积约222.15公顷，将融合现代生态科技和传统理水治水智慧，推动实现可持续、生态、低碳和绿色发展的战略目标，向世界展示新江南田园的水乡文化基因。

与此同时，元荡三期、蓝色珠链水环境综合治理（一期）、祥符荡生态修复提升工程、伟明环保提标改造工程、竹小汇零碳科创聚落一期等工程、长湖申线黎里大桥改建工程等项目建设也在加紧推进。这些项目的建设，将会让水乡客厅的生态底色更绿，江南基因愈发鲜明。

# 第二节　水乡客厅同城化的重点领域

　　《长三角生态绿色一体化发展示范区水乡客厅一体化管理运营规范》(以下简称《规范》)的制定是水乡客厅一体化运营的典型案例。《规范》是水乡客厅"一套标准管品质"标准体系的重要组成部分。规范编制按照习近平总书记关于长三角一体化发展的系列重要讲话精神和"城市管理应该像绣花一样精细"的总体要求，深入贯彻落实《长江三角洲区域一体化发展规划纲要》《长三角生态绿色一体化发展示范区总体方案》，不破行政隶属，打破行政边界，在示范区水乡客厅探索实施一体化管理运营，实现共商、共建、共管、共享、共赢。

## 一、生态保护与水环境治理

　　水乡客厅贯彻习近平总书记新时期生态文明发展理念，坚持以生态优先，绿色发展。生态环境高品质发展是区域一体化生态文明建设的关键。生态环境的管理和运维品质以生态资源和环境保护成效的监测和数据服务一体化管理为基础，构建生态保护红线、环境质量底线、资源利用上线管控核心指标；在区域资源环境科学保护和发展利用的系统观指导下，确定生态环境分层、分等级的标准；结合长三角区域一体化发展国土空间和生态环境专题规划的要求，在现有区域现状科学评估的基础上，分步推进和实施发展目标，为争创跨界融合的社会主义现代化先行水乡人居高质量发展示范区提供良好的生态保障。

　　以生态保护为例，在质量要求方面，要求地表水环境、土壤环境、空气质量、生态质量标准应高于两区一县平均水平，生态质量指数（EQI）应达到国家二类，重点加强对太浦河、诸曹漾、雪落漾、马斜湖等主要水体的环境监测与治理，应达到国内先进水平；鼓励城镇生活污水接入采用湿地等尾水生态化净化处置装置的污水处理厂，减少尾水直排进入河湖水体；按照 NY/T1276—2007《农药安全使用规范总则》等规定合理用药，不得使用明令禁止的高毒高残留农药，确保土壤和水环境不受污染，鼓励采用农业、物理、生物等植物病虫害综合防治措施；对区域内水体、植被、湿地等自然资源进行生态保育，保护原生态的自然环境及植被，保持河流、湖泊等地表水清洁流畅。

在管理要求方面，要求两区一县生态环境主管部门定期联合开展区域内地表水环境、土壤环境、空气质量、生态质量环境评估；两区一县水务主管部门发挥"联合河湖长制"机制优势，深化联合巡河、联合水质监测、联合信息通报、联合执法会商、联合保洁五大机制，实现水体联保共治；两区一县相关主管部门实施水岸一体管理，保护河湖水面不受侵占，在河湖周边缓冲带建设生态林地和游憩绿地，实现水岸整体生态功能最大化。

在水环境管理方面，上海市、江苏省、浙江省水利部门牵头，国家水利部太湖流域管理局配合，推动水域联合执法、联合监测的常态化开展，确保河湖水域疏浚、岸坡和滨水绿色整治管理一体化，符合河湖水体生态服务复合功能效益的发挥。

确定统一规范河湖长制体系、制度、标准。确定高效的区域联动河湖管护制度，开展河湖管理范围划界确权工作，编制河湖管护名录，安排管护资金，完善管护责任体系。共建河湖水体跨界治理智能化平台。充分利用微信群、云平台等信息化手段建立公共信息平台，持续推进重点跨界水体的监测信息共享；通过跨地域深度融合，采取日常办公、资源管理、运营管理、安防管理和智能服务一体化的权责分明、共治、共建、共享的智慧化流域管理体系。根据不同区位严格划定河道管理和保护的空间范围，保障河道行洪安全、生态安全及河长制落实，并实行自然生态环境和传统历史风貌保护。

## 二、江南水乡文化保护与传承

传承江南文化风情，打造水乡客厅城市品牌。依托示范区富有历史底蕴的古镇建筑群、美观清澈的湖荡水系、清新怡人的绿色空间，做好水乡客厅城乡风貌的整体设计与保护，彰显水清岸绿、粉墙黛瓦的江南特色，形成人文与自然交融的独特空间形态。践行绿色生活方式，打造无废城市社区。以绿色生活方式为引领，促进示范区生活垃圾减量化、资源化，引导公众在衣食住行等方面践行简约适度、绿色低碳的生活方式，支持发展共享经济，减少资源浪费。到 2025 年，基本建成江南水乡特色鲜明的绿色、低碳社区，引领长三角更高质量发展；到 2035 年，形成更为完整、更加绿色的城乡风貌景观，市民环境卫生意识大幅提升，全面建成世界级水乡客厅。

以公共场所环境清洁为例，在质量要求方面，要求卫生设施和公共场所从业人员卫生应符合 GB 37488—2019《公共场所卫生指标及限值规定》标准和要求；公共场所经营者应根据经营规模与等级，设置清洗、消毒、保洁和盥洗设施设备，配备安全有效的预防控制蚊、蝇、蟑螂、鼠和其他病媒生物的设施设备及废弃物存放专用设施设备，保证相关设施设备的正常使用，并及时清运废弃物；公共场所的装修应符合国家相关标准和规范的要求，并符合《长三角生态绿色一体化发展示范区先行启动区规划建设导则》（以下简称"规建导则"）相关要求。

在管理要求方面，按照卫生标准要求两区一县卫生管理部门对公共场所的空气、水质、采光、照明、噪声、公共用具、卫生设施和公共场所从业人员卫生等进行检测，若检测结果不符合卫生标准，应督促整改；两区一县卫生管理部门应制定公共场所危害健康事故应急预案，定期检查公共场所各项卫生制度、措施的落实情况，及时消除危害公众健康的隐患；对除公园、体育场馆、公共交通工具之外的公共场所，两区一县卫生管理部门实行卫生许可证管理。

以道路管理为例，"水乡客厅"是长三角跨省域的一个公共空间，其主要功能是以生态绿色为引领，厚植生态优势，传承江南文化基因，嵌入创新策源功能，来实现高质量发展。水乡客厅是长三角一体化"共商、共建、共治、共享、共赢"示范中的示范、核心中的核心。道路养护质量和水平直接关系到水乡客厅的交通可达性、出行便捷性、行人舒适性。水乡客厅涉及的青浦、吴江、嘉善三地道路养护基本依据现行行业标准 CJJ36—2016 的有关规定各自进行。

鉴于水乡客厅面积较小但示范效应重大的现实情况，密切配合"一张蓝图管全域、一个主体管开发，在水乡客厅后续开发建设中，一套标准管品质、一个平台管实施、一体化制度管治理"的创新探索，建议紧扣"一体化"与"高质量"两个主题，将客厅内的道路养护统一起来，由长三角一体化示范区水乡客厅开发建设有限公司集中负责，成立专业化水乡客厅道路养护公司进行统一养护。与此同时，设立路长制，由乡镇政府、村委会主要负责人担任辖区内的路长，负责组织领导相应道路的管理和保护工作。

## 三、智慧城市管理体系

水乡客厅作为长三角区域一体化国家战略核心区的核心区，有责任、必须要率先探索和实践社会治理现代化。水乡客厅一体化社会治理有两大战略要求：一是要增强区域社会治安综合防控能力，切实应对和解决与水乡客厅建设过程相伴随的社会流动性、复杂性、冲突性显著增强等现实问题和社会风险，确保水乡客厅建设安全、稳定、有序推进；二是要建成社会协同、公众参与、法治保障、科技支撑的跨域社会治理体系，形成人人有责、人人尽责、人人享有的区域社会治理共同体，使域内人民群众安全感和满意度明显提升，社会更加和谐有序，充分展示长三角一体化示范区社会治理一体化的引领性、创新性和示范性。

治理主体与组织结构：建立水乡客厅社会综合治理委员会，负责组织、协调水乡客厅区域范围内的一体化社会治理工作，形成示范区执委会统一指导，三地联合党委领导、三镇政府主导、综治协调、各部门齐抓共管、社会力量积极参与的区域社会一体化治理工作格局，打造由三镇党委、政府、村居社区等为轴心，群团组织、经济组织、社会组织、公民等共同参与的"一轴多元"的区域社会治理共同体。

创新一体化治理模式：根据水乡客厅社会治理的战略要求，其治理模式须要两大创新突破：一是科技支撑与智慧化治理；二是社会力量与社会治理共同体。

推进域内智慧化平台升级优化。优化升级域内智慧化城乡治理平台和"智慧大脑"。依据域内智慧化平台管理需求，对城乡治理平台及"智慧大脑"功能进行升级，拓展业务监管模板，结合水乡客厅特色及双碳管理创建指标体系，进一步完善巡查管理、排班管理、可视化分析、指挥分拨等功能。域内各街道办、乡镇办推动智慧化平台运营商运用指挥分拨系统、安全巡查系统等进行事件采集和事件处置。对接"两省一市"三地属地智慧城管系统。积极争取域内三地各级城市管理和综合执法局支持，对接三地智慧城管系统业务、数据，实现资源共享，将三地上级单位对城市及城乡管理的要求融入到示范区一体化智慧平台改革工作中。

推进域内街道、乡镇智慧指挥中心建设。加强域内街道、乡镇智慧指挥中心硬件建设。域内街道、乡镇智慧指挥中心是街道"智慧城市"智慧化运行的指挥和协调中心，各街道、乡镇为智慧指挥中心提供专门办公场地，实现运营人员集中办公，并配备政务外网网络、指挥显示大屏、会议电视等硬件设备，各街道中心统一规范命名，统一规范使用智慧区域 LOGO。加强域内街道、乡镇智慧指挥中心力量配置。组建街道及乡镇智慧指挥中心强有力的工作团队，中心主任由各级乡镇、街道党工委副书记、主任担任，副主任由街道党工委副书记（或办事处副主任）担任，根据各乡镇、街道实际择优配备成员若干，积极吸纳智慧物业城市运营商相关人员作为团队成员。加强域内街道、乡镇智慧指挥中心软件应用。各乡镇、街道在区政务服务数据管理局指导下，充分应用现有智慧区域系统建设成果，包括城区治理平台、预警监测平台、决策支持平台、视频联网共享系统、物联感知系统、融合通信系统等，可根据实际需求，依托智慧区域"五平台"

自建个性应用系统以及进行可视化展示。自建系统需报上级政务服务数据管理单位进行项目前期审核，并应部署到域内各级政府政务云，可视化建设应遵循总体顶层标准规范，接入顶层智慧城市指挥中心。

推进"智慧城市"智能感知体系建设。推进视频"智能采集"。围绕域内"智慧城市"管理需求，相关政务服务数据管理局搭建视频智能应用平台，推动不少于10种识别场景落地，让视频探头成为智能市容巡查员，提高城市管理智能化水平。域内各乡镇街道、城管与综合执法局要推动将辖区公共区域视频监控接入到区视频智能应用平台，发挥更大作用。建设物联感知设施。各乡镇街道根据实际需要，在安全生产、城市管理、生态环境等方面自行建设物联感知设施，数据接入区物联感知系统。各乡镇街道与智慧物业城市运营商共同使用区物联感知系统数据进行统计分析和可视化展示。

# 第三节　水乡客厅同城化的国际经验

长三角水乡客厅由两省一市共同打造，立足于世界眼光和国际标准，因此通过梳理国外的城市治理经验，选取博登湖、威尼斯、京都及首尔新城作为长三角生态示范区水乡客厅的案例参考，这些案例主要从国际治理标准、水环境治理、多区域协调合作等方面对长三角水乡客厅产生较大的借鉴意义。

国际治理的先进经验方面，瑞士、奥地利和德国三国共同协管的博登湖的水质经各国共同的治理成为国际水环境治理的典范，京都从保护历史文化遗产及倡导环保理念出发对城市实施管理，改变了城市面貌和交通结构，涌现一批全球示范作用的经典建设案例，威尼斯的数字化管理城市、首尔新城先进的设计理念都能从各个方面为长三角水乡客厅的建设提供国际治理经验。

水环境治理方面，由于河湖不仅能够为工业提供水源，且能够改善航运，改善生态环境，开展观光旅游事业增强水资源带来的经济发展效益，因此得到各国治理的重视。案例中的四个城市都涉及了水环境的治理，通过严格控制湖泊及其周边地区的开发建设，制定严格的源头污染物排放标准、新技术应用于对水环境的监测等各个方面打造优质水环境。水环境治理也是推进城市发展的基础，而且水环境质量也代表了整个城市的发展水平，高质量水环境能够改善生态水平和居民生活水平。

长三角生态示范区水乡客厅一体化面临多区域协调合作问题，而国际案例中的博登湖则很好地提供了跨界合作的经验：由各国人员共同组织的国际会议和下属的各个分支机构及非正式的多边合作共同解决博登湖地区的跨界治理问题，从整体性考量、统一的价值取向和综合治理等方面为区域之间的协调合作提供经验。

政策的协调和实施的保障。在一系列涉及各方利益、权利、义务的有争议领域达成许多共识、统一和谅解，如首尔新城在政策方面达到协调统一，从根本上保证了全部合作工作的顺利开展。此外，这些案例在政策的实施过程中及时调整，实现规划、实施、评价的良性循环，为计划提供有价值的反馈，并根据需要进行更新。

综上所述，国外的很多城市在市政管理、环境治理、区域合作等方面进行了一系列实践，这在一定程度上解决了城市发展中所面临的问题，通过对这些方面的梳理和归纳总结，为长三角生态示范区水乡客厅一体化管理运营提供有价值的国际范例参考。

# 一、西欧博登湖区

博登湖也称康斯坦茨湖，位于瑞士、奥地利和德国三国交界处，由三国共同管理。博登湖地区是一个典型的边境地区，因为它不具备单一的经济强大中心，并且远离国家首都，跨界地区是由 4 个州（分属奥地利、德国、列支敦士登和瑞士）的 14 个不同地区组成，人口超过 350 万。从历史的角度来看，围绕博登湖开展跨境合作有着悠久的传统，湖泊本身在促成合作或协调活动方面也发挥了重要作用，必须通过共同努力防止污染、协调利用。

## （一）跨界治理体系的组织架构

博登湖早期的跨界合作主要由地方和区域行政部门主导，近年来，这些跨界机构更加正规化，涵盖了农业、环境、文化、经济等各个领域。湖区的合作大多是基于区域问题自下而上发起的，区域跨境合作的制度化程度非常小，取而代之的是高度非正式性的双边和多边合作模式。因此，围绕湖区问题成立了众多的组织机构，如康斯坦斯湖国际航运委员会、ISKB 国际博登塞旅游公司、国际康士坦茨湖渔业委员会、康斯坦斯湖基金会、空间规划委员会（ROK-B）等。其中，康斯坦茨湖国际会议（IBK）和康斯坦茨湖 / 高莱茵河（ABH）项目及其具体机构在确保跨界治理体系内的区域一致性方面发挥了重要作用。

康斯坦茨湖国际会议是一个为湖区周围地区跨境行动提供支持的合作协会，其总体目标是通过政治协商和联合项目，保持和促进康士坦茨湖地区作为一个有吸引力的生活、自然、文化和经济环境。IBK

由"政府首脑"会议、常设委员会和分支委员会组成。"政府首脑"会议一年一次，为各国政府和机构准备行动的建议，常设委员会每年开会三次以讨论该地区共同的政治目标。该委员会通过设立委员会以及工作组和项目组管理日常业务、协调工作、监督预算并与其他机构保持联系，其下共包含 7 个委员会（教育、研究和发展、文化、环境、交通、卫生和社会服务以及公共关系）和特定的工作组，还有一个执行管理委员会。

高莱茵河（ABH）项目是由欧盟跨境合作基金项目支持的。在新的资助期间（2014—2021 年），总计约有来自欧盟、地方政府及私人机构的 8000 万欧元的资金支持跨境项目。高莱茵河（ABH）项目旨在加强区域竞争力、创新、就业和教育，同时还将重点讨论环境问题及有关能源或运输的问题，提高能源效率和使用可再生能源及减少空气污染是目前阶段的重点。

## （二）湖泊治理

博登湖面临的威胁主要为磷过多而导致湖泊富营养化及废水污染，针对这些问题，博登湖管理者提出保护生态系统的三大管理措施：严格控制湖泊及其周边地区的开发建设；保护湖泊动植物栖息地；实行河湖同治，拆除历史上用于防洪的水泥护坡，恢复为灌木、草木，建立健康的湖泊生态系统。此外，对于湖泊环境治理方面有三个主要的合作机制，分别是 IGKB（博登湖水保护国际委员会），博登湖国际大会和博登湖—莱茵水厂工作联合，其中影响最大的是 IGKB，该组织虽没有执行权，但可通过专家和专家委员会向成员国提供行动建议，并在博登湖周围国家的支持下对湖泊的保护和可再生能源的推广作出了巨大贡献，主要为以下几个方面：

建立博登湖水信息系统（BOWIS）。在博登湖建立多个测量点，收集测量数据，形成数据报告对水体进行监测；

建立多个污水处理厂和下水道，提高污水处理设施的清洁能力。自从 IGBK 成立以来，周边国家已投资 50 亿欧元用于博登湖周边的废水收集和废水处理。到 2020 年，博登湖已存在 211 个污水处理厂，年废水量约为 2.61 亿立方米，污水处理率由 1972 年的 25% 增加到 2020 年的 99%；

定期测量和监测的博登湖的支流状况，配合各个国家的河流监测计划对生物调查结果进行分析和公布（又称为绿色报告），对流域内的相关河流测量点尤其是受到污染的区域进行专题记录和绘图。

此外，博登湖流域还制定了湖泊水污染治理条例及水资源保护法则，实施民间湖泊保护组织与政府机构相互监督、共同管理等一系列管理措施。

### （三）注重交通设施对城市的连接和带动

博登湖地区对于交通非常重视，通过不断完善与国际交通线路的连接填补跨境交通基础设施的空白，并在该地区打造高效的交通线路。运转良好的交通系统（公路、铁路、水路、航空）不仅了满足人口流动性需求以及繁荣经济的必要基础设施要求，并为博登湖地区的共同发展作出了重要贡献。

湖区交通方面。通过湖区的轮渡线和陆上交通相连，将重要的城市连接起来。根据旅游和居民需求开发出季节性线路，这些线路主要服务于旅游业发展。此外，两条汽车轮渡线路分别能在 44 分钟内将德国和瑞士连接起来及 15 分钟内连接两个德国城镇康斯坦斯和梅尔斯堡。

为了改善博登湖地区的国际跨境铁路交通，博登湖沿岸国家、地区协会和各城市在 INTERREGII 联合倡议的框架内于 1999 年委托多位专家开发连贯运输的铁路客运政策，2001 年 9 月提出的"博丹铁路 2020 概念"，通过火车与轮渡联结更好地协调公共交通，将德国、奥地利和瑞士三个以前不协调的铁路系统整合成一个具有完整时间框架内连续的交通系统。此外，该项目除了连接环湖的所有铁路的具体方案外，还提供了网络规划模型（供给模型）和需求模型等规划工具从新的角度评估各种提案，以检查所有可能的改进建议的效果。

BODENSEETICKET 是一个只需一张票即可无限次乘坐火车、公共汽车和渡轮的项目，该项目不仅有利于旅游业，对于当地居民的日常生活、工作和学习也提供了巨大的便利。

## 二、意大利威尼斯市

威尼斯位于意大利东北部威纳托省（Veneto）亚得里亚海岸，是意大利东北部著名的旅游与工业城市，威尼斯自治市细分为 6 个行政区，每个行政区由 1 个理事会和 1 位总统管理，每 5 年选举一次。自治市镇有权就环境、建设、公共卫生、当地市场等问题向市长提出不具约束力的意见，并行使市议会授予他们的职能，也能获得自主资金以资助当地活动。威尼斯作为一座水城，其大街小巷都由纵横交错的水道组成，市内也不允许车辆进入，通行只能通过步行或者坐船，虽然水丰富了威尼斯的生态系统，但与此同时，威尼斯本身也极易遭受多种水环境灾害。

## （一）水域管理和风险预防两方面应对灾害

二战后为了满足农业、工业发展的需要，威尼斯大量开采地下水，造成城市下沉速度急速上升。1966 年，威尼斯遭遇了一次大洪水，这次洪水使得威尼斯的经济状况和人民生活都遭到巨大的打击。1970 年，为解决威尼斯的问题，意大利政府建立了一个专门的立法制度"威尼斯特别法"，该制度主要目标是保护城市中心免遭洪水侵袭、保护沿海地带免遭侵蚀和海风暴、重新建立潟湖的水文地貌平衡、减少集水盆地和河流中的水污染。威尼斯近年来主要从水域管理和风险预防两方面应对灾害。

首先，水域管理主要通过在重点区域建立区域公园，通过法律规范潟湖的航海和捕鱼活动等以保障生物多样性等。其次，风险预防则分级进行预防：在国家层面上，文化遗产和活动部对威尼斯进行文化遗产保护和储存工作；区域层面则是通过可持续发展的土地利用和城市规划；市政层面通过对城市的建筑财产、基础设施、市区重建等进行规划；其他公共机构则通过分工合作维护威尼斯和潟湖的生态系统等。具体到实施方面，威尼斯通过成立潮汐监测和预报中心（TMFC）对威尼斯的气象和水文数据进行分析以对灾害进行提前预报，成立塑料智能城市项目减少自然界中释放的塑料数量，通过"E-dock 项目"建设为游轮和渡轮等船舶充电的基础设施。2003 年，意大利政府启动了在海床上建造防洪屏障或水闸抵御洪水的"摩西工程"治水工程方案，在 2020 年 7 月完成闸门总测试，标志其具备投入实际使用的能力。

## （二）实施新型旅游方案

威尼斯作为一个旅游城市，这座城市已成为国际会议和节日的主要中心，如享有盛誉的威尼斯双年展和威尼斯电影节，以其戏剧、文化、电影、艺术和音乐作品吸引来自世界各地的游客。旅游业成了威尼斯的支柱，给威尼斯带来了财富，但随着房租的上涨、社区特征的改变，以及以旅游业为中心的商业赶走了当地的服务，旅游业却没有给当地人带来多少直接利益，交通、能源、水和卫生基础设施等也超负荷运转，这种"过度旅游"给威尼斯的生态系统造成了过度拥挤和环境问题。为了减少造成威尼斯不可逆转变化的游客数量，2019 年，威尼斯市议会投票赞成一项新的市政法规，要求一日游的游客参观历史中心和潟湖中的岛屿，需要支付新的入场费，这笔费用的额外收入将用于清洁、维护安全、减轻威尼斯居民的经济负担。对于威尼斯的当地居民，则通过成立一些协会及创建社区的方式减少社会的不平等，使得威尼斯回归到一个稳定、可持续发展的城市。

### （三）利用数字化管理城市

威尼斯在智慧城市建设方面积极行动，2020 年，市政府任命了一个智慧城市秘书处负责创建威尼斯智慧城市和社区，通过整合现有网络，可以收集和整合城市服务产生的所有数据，监控系统的目标是通过实时获取城市的游客数量，在尊重城市历史、社会和经济结构的同时，通过整合智能控制室，威尼斯将数字化置于城市运作管理系统的核心，并以此创造最佳的游客体验和提高居民的生活质量。

## 三、日本京都市

京都是位于日本群岛中部的内陆城市，也是日本第 8 大城市和京阪神都市圈的组成部分。目前，京都主要从保护历史文化遗产及倡导环保理念出发对城市实施管理，其结果不仅改变了城市面貌和交通结构，涌现一批全球示范作用的经典建设案例，也形成了相对完整的建设体系和政策框架。

## （一）景观政策

京都的地形是一个盆地，除南方之外三面环山，南北有两条河流，历史建筑和丰富的自然景观交织在一起，京都城市发展的特点是对城市物质遗产的创新利用和管理。京都市制定了各种措施来保护这些景观，但由于经济的发展、价值观和生活方式的改变，部分历史建筑依然没得到很好的保存。为了更好地保护这些景观，京都于2007年实施符合地区特色的新景观政策。

符合地区特色的景观政策。针对山区主要是保护自然景观为主，适当建立住宅区；山前地区主要以历史建筑、住宅和商业为主；历史城区打造商住并存及保护城区历史遗产；城区西部主要为住宅区和工业区；南部主要发展产业集群及商业和住宅；东部地区打造商业和住宅。

通过建筑高度、建筑设计、景观区划、户外广告和历史城镇这五个要素改善城市景观。

（1）建筑高度是构成城市景观和环境的重要因素，政策根据区域特征分割高度控制，从中心到外围逐渐降低高度，如京町屋这种传统联排别墅通过限制建筑高度的做法而得以继续传承；

（2）建筑设计方面主要是通过划分景观区的方法，根据每个区的特色对其形状、材料和色彩等加以改造使之与地区相协调；

（3）京都拥有联合国教科文组织世界遗产"古京都历史遗迹"组成部分中的 14 个，并首次颁布了《创造透视景观条例》，该条例规定了赏景地点和赏景对象之间的可见景观的保护标准。景观保存区按其需要也划分为景观保存区、近景保存区及远观呈现区，使得景观与周围区域更加协调，如加茂河西侧和大门寺山之间的美丽的景观；

（4）对户外广告进行更严格的规定和审查，以保持当地特色及建筑高度和设计的和谐。户外广告主要通过规范其大小、位置、时间等使京都更美观；

（5）京町屋住宅传达了京都的历史建筑风格和生活方式，形成了历史城市京都景观的平台。对京町屋的保护主要是将建筑物指定为重要地标，在协助维修和改善建筑物外观的同时，赋予建筑物许可证制度，有助于对京町屋保存、外修和改进。

京都市的景观政策为现有建筑建立了一个援助系统，并为重建公寓建立了一个支持系统。援助系统通过派遣抗震设计专家、提供抗震设计补贴来支持京町屋住宅，公寓配套体系包括：重建改造的顾问、抗震设计补贴和重建贷款。

**（二）环境治理**

京都市是京都议定书的诞生地，同时也是环境模范城市之一，借助 1997 年举办《联合国气候变化框架公约》缔约国会议并发布《京都议定书》的机会，近年来，京都市在环境模范城市建设中走在世界前列。京都市环境政策局由（1）地球温暖化对策室、（2）环境规划部、（3）循环型社会推进部、（4）合理处理设施部等 1 室 3 部组成，全市共有 7 处城市美化事务所和 14 个城市环保站，其对环境治理的经验主要集中在改善交通设施和垃圾分类方面。

京都拥有良好的绿色出行传统。京都的公共交通网络遍及市内所有地区，市内 97% 的酒店都可以通过公共交通轻松抵达，41% 都位于会议设施的步行距离之内，即使是仅通过步行也可到达，京都的公共交通安全、方便、可靠、准时。此外，京都认为城市交通、都市空间和生活方式三者相辅相成、互为因果，因而对于交通的改善也需要从三方面进行综合治理，如"四条通"项目，通过在城市中心的中心街道设置仅允许行人和公共交通的车辆使用的道路，从而激发街道活力。

京都在推进垃圾分类收集，宣传教育、完善法律法规、垃圾精细分类等方面积累了丰富经验。宣传教育方面通过设立活动让市民了解垃圾分类，如京都环境保护中心作为垃圾分类减量科普的宣传教育基地，京都市垃圾减量推进会议致力于市民垃圾分类减量科普宣传、活动支持和技术指导；政策法规主要通过《关于废弃物处理及清扫的法律》《空气污染控制法》及近年的《节约之心条例》等政策措施实现垃圾减量。

鸭川河是京都的母亲河，早期也存在污染、洪水、内涝等问题，2010 年，日本政府启动鸭川河整治计划，通过加强水环境监管、双重步道系统应对季节性涨水、设置落差河段放置石块缓解水势、景观再造等措施整治河流，使鸭川两岸变成了花园式的长廊和人们休闲、游玩和锻炼的场所。

**（三）可持续旅游**

京都凭借其丰富的历史文化遗产，如 14 处联合国教科文组织世界遗产、约 2000 座神社和寺庙等吸引了大量的世界各地游客，庞大的游客数量给这座城市带来了重大的管理挑战，京都面临着居民生活质量和游客体验的问题，包括交通拥堵、公共交通过度拥挤、垃圾和废物问题、噪声投诉。京都对其管理主要是从关注数量到关注质量的转变，试图通过拓宽所提供的服务范围，从负担得起的游客转向高端游客，来确保游客数量的可控增长。

颁布了有关旅游业的条例。《短期租赁条例》将专属住宅区每年可出租的夜晚数限制为 60 个。此外，通过收取住宿税减少对居民的影响，京都市政府预计每年从这项新税收中获得约 45 亿日元的收入，并将利用这笔收入改善旅游基础设施和设施，如道路、标识和厕所设施，以提高京都居民和游客的满意度。

数量到质量的转变。京都提供质量的方法主要通过硬基础设施（实物）支柱和软基础设施（政策、法规、人力资源开发）支柱来实施。硬基础设施主要通过提供高端酒店、改善旅游设施、多样化的旅游产品等。软基础设施主要是为城市的营销提供策略，给居民提供教育了解当地历史文化从而为旅游提供更多的人力资源及转向以体验为基础的旅游等。

# 四、韩国首尔新城

韩国的快速城市化时期是从 20 世纪 60 年代初到 90 年代末，伴随着经济发展和大量的人口的迁移，首尔开始面临各种城市问题，而为了解决这些城市问题，韩国实施了许多政策。其中，新城开发是韩国应对城市化挑战的关键。这些新城自 20 世纪 60 年代开始发展，其

类型、形式、规模和用途各不相同，适合不同时期的需要。到 2000
年为止，开发的新城市主要致力于缓解人口和功能的过度集中，促进
可持续的城市化。自 2000 年起，新城开始发展成为真正的"可持续
城市"，透过信息技术和科技发展，关注可再生能源、可持续交通、
电子政务、可持续资源管理等。

## （一）新城建设经验

韩国土地和住宅开发的一个显著特点是政府的管控，大型土地
和住房开发项目实际上被公共部门垄断。在最初的 5 个新城市项目
（1988—1992 年）中，韩国土地开发公社和大韩住宅公社主导了开发
过程，但在 1998 年国际金融危机以后，地方自治团体、民间建设企
业、环境团体、市民团体等也参与到建设中，随着国家越来越多地
接触到全球化、权力下放和私有化的进程，地方政府和私营部门越
来越积极地参与到城市地区的增长政治中来。2003 年，在距市中心
20—40 公里处共建设 10 座新城，这 10 个新城市通过交通网建设连
接首尔和周边地区。新城与首尔相距较远，地价较低，因此人口密度
低，从而住房市场稳定、住房条件改善、公共和绿色空间得到保障、
相关产业的经济效应和城市基础设施得到扩大。新城的经验大致可概
括为以下：

可行的计划和具体的实施策略。新城规划设计理念先进，注重空
间环境的营造，之后通过系统的评估反馈进行及时调整。新城发展的
实现是规划、实施、评价的良性循环，由国家机构和智库组成的评估
系统，为计划提供有价值的反馈，并根据需要进行更新。

制度驱动力和法律支持。韩国政府的首要任务之一是在建设部内

设立新城市建设局，明确组织结构和利益相关者的角色，并及时提供法律支持土地征用和建设，并在相关当局和韩国土地公社（现 LH）等公共企业、国土研究院等企划研究院的支持下，赋予人事局行政总指挥权。

合理的土地征用方法，从土地调整到公共管理发展。两项主要发展计划：土地调整计划（60—70 年代）和公共管理发展计划（1980年至今），公共管理发展计划的主要内容包括制定《住宅建设综合规划》，与中央和地方政府就规划进行协商，指定住宅用地开发规划区，从中央或地方政府和公共企业中选择开发商，融资方式多元化，2000年以后，私营部门可以加入，但比例限制为 49.9%。

公共资源倾斜，改善条件。新城在政府的带头下会将部分行政事业单位搬迁到新城，并保障迁入人口的就业，其他如居住、医疗、教育等民生方面也都提供充分保障以增强新城的吸引力，防止人口的回迁。在公共资源配置上进行了合理的布局，新城的学校、医院的配备在不断完善。与此同时，对于交通网络也进行完善，避免新城成为孤岛。

## （二）市中心河流—清溪川治理

经历从污染到治理的过程，韩国清溪川复兴工程是国际上城市水环境综合整治的典范。其早期作为开放性的城市内河，此后随着经济的发展，清溪川被水泥封盖为排污暗渠，之后为解决中心城区的交通问题，政府在清溪川上加设高架桥，直到 2003 年，为提升首尔国际大都市的城市品质，清溪川复原为城市新型生态内河，对改善城市人居环境、提升城市活力和品质、注入全新的城市发展观具有划时代的意义。

源头治理，减少污染物排放。韩国的复兴项目通过外源截流和内源控制设施两部分，积极开展现有污水处理厂的提标升级改造工作。城市污水处理厂深度处理后的再生水可作为城市河道的主水源，项目布建了大量的人工湿地和动植物栖息地，综合多项水质净化技术提升水体的自净能力。

为都市人群提供亲水、乐享的交流场所。复兴工程注重亲水驳岸空间的利用，修筑大量可容纳大型活动又为日常所用的亲水平台，并且赋予特有的文化意象，这种将沿河带状的活力空间节点有序串联起来，并配合堤岸两侧的独有墙面壁画的人性化空间营造，极大地激发了市民与河流产生亲密互动的意愿，实现了滨水景观向街道空间渗透，同时将人群活动植入亲水空间。

## 五、国际经验的启示

基于对国际案例的梳理，本文对长三角生态示范区水乡客厅一体化提出以下建议：

第一，围绕水乡会客厅一体化地区的问题成立分工明确的组织机构，确保跨省治理体系内的区域一致性方面发挥作用。

第二，生态环境方面沪苏浙建立合作机制，对水乡客厅地区的生态系统定期测量和监测，提高该地区的污水处理能力。水环境的治理不仅是为了保障饮用水供应，更应当提高到水生态保护的高度。

第三，建设具有便捷性、联通性的示范区。注重交通设施对城市的联结和带动作用，跨省域互联互通完善交通网，打造高效交通路线，优化公共交通满足人口流动性需求及繁荣经济的必要基础设施要求。

第四，数字化管理系统，将数字化置于运作管理系统的核心，并以此创造最佳的游客体验和提高居民的生活质量。

第五，改善地方政府和市民社会的关系，对于一体化问题应当建立合作决策的局面，引导市民参与和建立市民社会组织建设，保障决策的合理性。

第六，利用当地自然景观和城市物质遗产改善城市景观，对历史建筑、文化古镇进行合理规划，提升示范区的形象。

第七，成立负责发展可持续旅游的专门行政管理机构，开展生态旅游、绿色旅游，控制游客数量提高质量，制定科学发展规划等措施，推进可持续旅游的发展。

第八，建立完备的公共资源，改善示范区条件。为示范区内的居住、医疗、教育、就业等方面都提供充分保障以增强示范区的吸引力。

# 参考文献

1. 白云朴、李果：《长三角区域一体化进程中科技人才政策趋同与竞争》，《中国人力资源开发》2022年第6期。

2. 蔡润林：《基于服务导向的长三角城际交通发展模式》，《城市交通》2019第17期。

3. 蔡文博、徐卫华、杨宁、郭小勇、欧阳志云：《生态文明高质量发展标准体系问题及实施路径》，《中国工程科学》2021年第3期。

4. 陈小鸿、周翔、乔瑛瑶：《多层次轨道交通网络与多尺度空间协同优化——以上海都市圈为例》，《城市交通》2017年第15期。

5. 崔璨、于程媛、王强：《人才流动的空间特征、驱动因素及其对长三角一体化高质量发展的启示——基于高校毕业生的分析》，《自然资源学报》2022年第6期。

6. 傅伯杰：《土地资源系统认知与国土生态安全格局》，《中国土地》2019年第12期。

7. 高鹏、何丹、宁越敏、韩明珑：《长三角地区城市投资联系水平的时空动态及影响因素》，《地理研究》2021年第10期。

8. 何帆著：《变量4大国的腾挪》，新星出版社2022年版。

9. 蒋媛媛：《长江经济带战略对长三角一体化的影响》，《上海经济》2016年第2期。

10. 景守武、张捷：《新安江流域横向生态补偿降低水污染强度了吗？》，《中国人口·资源与环境》2018 年第 10 期。

11. ［德］克劳斯·施瓦布著：《第四次工业革命》，中信出版社 2016 年版。

12. 孔旭、刘佩佩、于得水：《借鉴全球航空城建设经验推动我国航空产业高质量发展》，《宏观经济管理》2021 年第 6 期。

13. 李双成、谢爱丽、吕春艳、郭旭东：《土地生态系统服务研究进展及趋势展望》，《中国土地科学》2018 年第 12 期。

14. 李雪根：《新世纪苏州经济发展战略的选择》，《集团经济研究》1999 年第 8 期。

15. 林江：《培育和扶持更多专精特新"小巨人"企业》，《人民论坛》2021 年第 31 期。

16. 刘长俭、徐杏、魏雪莲、吴宏宇、王蕊、李宜军、高天航、于汛然：《内河内贸成稳步恢复关键，沿海港口总体南方快于北方》，《中国交通报》2022 年第 2 期。

17. 陆琳忆、胡森林、何金廖、曾刚：《长三角城市群绿色发展与经济增长的关系——基于脱钩指数的分析》，《经济地理》2020 年第 7 期。

18. 欧阳志云：《GEP 核算，认与知》，《学习时报》2021 年第 7 期。

19. 欧阳志云：《我国生态系统面临的问题与对策》，《中国国情国力》2017 年第 3 期。

20. 上海组合港管理委员会办公室：《长三角地区港口经济发展 2021 年回顾及 2022 年展望》，《集装箱化》2022 年第 33 期。

21. 沈满洪、谢慧明:《跨界流域生态补偿的"新安江模式"及可持续制度安排》,《中国人口·资源与环境》2020年第9期。

22. 滕堂伟、林蕙灵、胡森林:《长三角更高质量一体化发展:成效进展、空间分异与空间关联》,《安徽大学学报(哲学社会科学版)》2020年第5期。

23. 屠启宇、余全明:《区域高质量一体化发展:从地理空间到多维联系》,《南京社会科学》2022年第6期。

24. 王芳:《冲突与合作:跨界环境风险治理的难题与对策——以长三角地区为例》,《中国地质大学学报(社会科学版)》2014年第5期。

25. 王金南、王玉秋、刘桂环:《国内首个跨省界水环境生态补偿:新安江模式》,《环境保护》2016年第14期。

26. 王铮、武巍、吴静:《中国各省区经济增长溢出分析》,《地理研究》2005年第2期。

27. 徐梦佳、刘冬、林乃峰、邹长新:《长三角一体化背景下生态保护红线的管理方向思考》,《环境保护》2020年第20期。

28. 杨晨、孙世超、薛美根、王忠强:《优化上海与江浙铁路对接的建议——基于长三角一体化的视角》,《上海城市管理》2022年第2期。

29. 于涛方、吴志强:《昆山城市竞争战略与经营策略的动态演变研究》,《城市规划汇刊》2004年第3期。

30. 张彪、谢高地、肖玉、伦飞:《基于人类需求的生态系统服务分类》,《中国人口·资源与环境》2010年第6期。

31. 张亢:《上海跨界地区协同规划探索——东平—海永—启隆

城镇圈跨行政区空间协同规划》,《上观新闻》2021 年 4 月 28 日。

32. 张雷:《"昆山之路"越走越宽》,《求是》2002 年第 19 期。

33. 张英浩、汪明峰、刘婷婷:《数字经济对中国经济高质量发展的空间效应与影响路径》,《地理研究》2022 年第 7 期。

34. 张占斌主编:《国内大循环》,湖南人民出版社 2020 年版。

35. 周冯琦、胡静:《上海蓝皮书:上海资源环境发展报告(2020)——共建生态绿色长三角》,社会科学文献出版社 2020 年版。

36. 周慧琳主编:《上海年鉴(2021)》,《上海年鉴》编辑部2022 年版。

37. 曾刚、曹贤忠、倪外、滕堂伟:《长三角科技人才区域一体化障碍及其因应之道》,《科技中国》2019 年第 12 期。

38. Abhijit Gosavi, Robert J. Marley, Joshua Adu Afar, "Airport Location for Smart and Sustainable Living: A Model and A Case Study of Rural Missouri, U.S.", *Sustainable Cities and Society*, Volume 83, 2022.

39. Burkhard, B., Kroll, F., Nedkov, S., Müller, F., "Mapping ecosystem service supply, demand and budgets". *Ecological Indicators*, Vol.21, 2012.

40. Chen J., Jiang B., Bai Y., Xu X., Alatalo J. M., "Quantifying ecosystem services supply and demand shortfalls and mismatches for management optimisation", *Science of the Total Environment*, Vol.650, 2019.

41. Chen Y., Miao Q., Q., Zhou Q., "Spatiotemporal Differentiation and Driving Force Analysis of the High-Quality Development of Urban

Agglomerations along the Yellow River Basin", *International Journal of Environment Research and Public Health*, No.19, 2022.

42. Gopalakrishnan, V., Bakshi, B. R., Ziv, G., "Assessing the capacity of local ecosystems to meet industrial demand for ecosystem services." *AIChE Journal*, Vol.62, 2016.

43. Jiang, B., Bai, Y., Chen, J., Alatalo, J. M., Xu, X., Liu, G., Wang, Q., "Land management to reconcile ecosystem services supply and demand mismatches-A case study in Shanghai municipality, China". *Land Degradation & Development*, Vol.31, 2020.

44. Kandulu, J. M., MacDonald, D. H., Dandy, G., Marchi, A., "Ecosystem Service Impacts of Urban Water Supply and Demand Management". *Water Resources Management*, Vol.31, 2017.

45. Kroll, F., Müller, F., Haase, D., Fohrer, N., "Rural-urban gradient analysis of ecosystem services supply and demand dynamics". *Land Use Policy*, Vol.29, 2012.

46. Li J., Jiang H., Bai Y., Alatalo J. M., Li X., Jiang H., Liu G., Xu J., "Indicators for spatial-temporal comparisons of ecosystem service status between regions: A case study of the Taihu River Basin, China", *Ecological Indicators*, Vol.60, 2016.

47. Menon Economics and DNV Publication, The Leading Maritime Nations of The World 2018, https://www.menon.no/wp-content/uploads/2018-84-LMN-2018.pdf.

48. Michael Batty, *Inventing Future Cities*, Cambridge MA: MIT Press, 2019.

49. Sun, W., Li, D., Wang, X., Li, R., Li, K., Xie, Y., "Exploring the scale effects, trade-offs and driving forces of the mismatch of ecosystem services". *Ecological Indicators*, Vol.103, 2019.

50. Wang Z. F., Liu Q. F., Xu J. H., Fujiki Y., "Evolution characteristics of the spatial network structure of tourism efficiency in China: A province-level analysis", *Journal of Destination Marketing and Management*, No.5, 2020.

51. Xiao, H., Sheng, S., Ren, Z., Chen, C., Wang, Y., "Does the Culture Service Supply of Green Spaces Match the Demand of Residents in a New District? A Perspective from China". *Polish Journal of Environmental Studies*, 2020, 29 (5), 3395—3407.

**图书在版编目(CIP)数据**

近邻城市:沪苏沪嘉同城化路径探索/曾刚等著
. —上海:上海人民出版社,2023
(上海智库报告)
ISBN 978 - 7 - 208 - 18479 - 4

Ⅰ.①近…　Ⅱ.①曾…　Ⅲ.①长江三角洲-城市建设
-研究　Ⅳ.①F299.275

中国国家版本馆 CIP 数据核字(2023)第 153954 号

**责任编辑**　王　吟
**封面设计**　懂书文化

上海智库报告

**近邻城市**
——沪苏沪嘉同城化路径探索
曾　刚　曹贤忠　倪　外　马　双　等著

出　　版　上海人民出版社
　　　　　　(201101　上海市闵行区号景路 159 弄 C 座)
发　　行　上海人民出版社发行中心
印　　刷　上海新华印刷有限公司
开　　本　787×1092　1/16
印　　张　13.5
插　　页　2
字　　数　150,000
版　　次　2023 年 9 月第 1 版
印　　次　2023 年 9 月第 1 次印刷
ISBN 978 - 7 - 208 - 18479 - 4/F · 2831
定　　价　60.00 元